オバマ大統領の
新・守護霊メッセージ

A New Message from
BARACK OBAMA
Interviewing the Guardian Spirit of the President of the United States

大川隆法
Ryuho Okawa

本霊言は、2014年4月17日、幸福の科学総合本部にて、
質問者との対話形式で公開収録された(写真上・下)。

オバマ大統領の新・守護霊メッセージ

A New Message from Barack Obama

Interviewing the Guardian Spirit of
the President of the United States

はじめに

　オバマ大統領来日直前に公開収録された、彼の守護霊霊言である。安倍総理との交渉ごとには胸の内に秘めたものがあると思ったので、あえて斬り込みすぎず、鋭すぎず、追い込みすぎず、と考えて、リラックスした雰囲気の中で本音を語ってもらった。一見、失言にみえる言葉も散見されるが、彼の私たちへの信頼感の証しと考えるべきだろう。結論的に言えば、彼の来日の目的は、「アメリカの説得力を信じて、安倍首相に急ぎすぎず、あおり過ぎず、心穏やかに職務を全うしてほしい。」と言いに来るということだ。

　別の言葉で言うなら、「アメリカ合衆国の利益になること以外は、何も特別なことはしないでほしい」という願いを伝えに来るのだ。他国に対してもほぼ同じ内容を

(English Translation)

Preface

This is a publicly recorded interview with the guardian spirit of President Obama right before his visit to Japan. I thought there is something he would like to keep to himself for the negotiation with Prime Minister Abe, so I daringly had him talk his true thoughts in a relaxed environment, without pressing too much, being too keen or cornering him too much. On a first glance, it may come across that he has slipped his tongue in some words, but we should think of this as a proof of his trust towards us. In conclusion, the purpose of his visit to Japan may be said that he wants to come and say, "Please believe in the United States' persuasive power. We want Prime Minister Abe to complete his duty in a calm mind without hurrying too much or influencing too much."

In other words, he is coming to tell us that what he wishes for us is to do nothing other than what will produce a profit for the United States of America. He is probably going to tell the other countries about the same thing.

伝えるつもりだろう。

　日本の自主外交や、他国との競争戦略が心配されているということでもあろう。「戦後体制の維持か。」「戦後レジームを終わらせるのか。」日本の政治家と国民の選択が迫られている。

2014年4月18日
幸福の科学グループ創始者兼総裁
大川隆法

He is probably concerned about the independent foreign policy of Japan and the competitive strategies against other countries. "Will we maintain the post-war system?" "Will we end the post-war regime?" The politicians and the citizens of Japan are being asked to choose.

April 18, 2014
Master & CEO of Happy Science Group
Ryuho Okawa

Contents

はじめに ……………………………………………………… 2

1 Summoning the Guardian Spirit of Mr. Obama, One Week Before His Visit to Japan ……… 16

2 One Reason for His Visit to Japan – the Prestige of the United States …………… 22

3 Reason Number Two – Tough Financial Situation of the United States ………………… 34

4 Prime Minister Abe is "Between Churchill and Hitler" …………………………………………… 48

5 On Wall Street and Money ………………………… 60

6 Ukraine and the Devil of Russia ………………… 74

7 President Park, Yasukuni and the Comfort Women Issue ……………………………………… 98

目　次

Preface ……………………………………………… 3

1　来日1週間前にオバマ氏守護霊を招霊する ……… 17

2　来日の理由は「米国の威信」………………………… 23

3　もう一つの理由は「米国の苦しい財政」………… 35

4　安倍首相は「チャーチルとヒットラーの間」……… 49

5　ウォール街と「マネー」について ……………………… 61

6　ウクライナと「ロシアの悪魔」……………………… 75

7　朴大統領、靖国そして慰安婦問題 ……………… 99

8 Dear Prime Minister Abe: "Don't Move, Say Nothing" 116

9 "I Want to Do My Best, My Next Two Years, for the People of the Weaker Side of the United States" 132

10 After the Spiritual Message 146

8	安倍首相は「動き回るな、何も言うな」	117
9	残り2年、国内の弱者のために尽くしたい	133
10	霊言を終えて	147

This book is the transcript of spiritual messages given by the guardian spirit of U.S. President Barack Obama.

These spiritual messages were channeled through Ryuho Okawa. However, please note that because of his high level of enlightenment, his way of receiving spiritual messages is fundamentally different from other psychic mediums who undergo trances and are completely taken over by the spirits they are channeling.

Each human soul is made up of six soul siblings, one of whom acts as the guardian spirit of the person living on earth. People living on earth are connected to their guardian spirits at the innermost subconscious level. They are a part of people's very souls and therefore, exact reflections of their thoughts and philosophies.

It should be noted that these spiritual messages are opinions of the individual spirits and may contradict the ideas or teachings of the Happy Science Group.

The spiritual messages and questions were spoken in English.

本書は、米国大統領バラク・オバマ守護霊の霊言を収録したものである。

　「霊言現象」とは、あの世の霊存在の言葉を語り下ろす現象のことをいう。これは高度な悟りを開いた者に特有のものであり、「霊媒現象」（トランス状態になって意識を失い、霊が一方的にしゃべる現象）とは異なる。

　また、人間の魂は６人のグループからなり、あの世に残っている「魂の兄弟」の１人が守護霊を務めている。つまり、守護霊は、実は自分自身の魂の一部である。

　したがって、「守護霊の霊言」とは、いわば、本人の潜在意識にアクセスしたものであり、その内容は、その人が潜在意識で考えていること（本心）と考えてよい。

　ただ、「霊言」は、あくまでも霊人の意見であり、幸福の科学グループとしての見解と矛盾する内容を含む場合がある点、付記しておきたい。

　なお、今回、霊人や質問者の発言は英語にて行われた。本書は、それに日本語訳を付けたものである。

A New Message from Barack Obama

Interviewing the Guardian Spirit of the President of the United States

April 17, 2014 at Happy Science General Headquarters, Tokyo
Spiritual Messages from the Guardian Spirit of Barack Obama

オバマ大統領の新・守護霊メッセージ

2014年4月17日　東京都・幸福の科学総合本部にて
バラク・オバマ守護霊の霊言

Barack Hussein Obama, Jr. (1961– Present)

Born in Honolulu, Hawaii, Barack Obama is a Democrat and the 44th president of the United States. After graduating from Harvard Law School, he worked as a civil rights attorney in Chicago. In 2004, he won the general election for the U.S. Senate. In 2008, he was elected as the first African-American president of the United States. He was awarded the 2009 Nobel Peace Prize "for his extraordinary efforts to strengthen international diplomacy and cooperation between peoples." In 2012, he won his second term in office.

Interviewer from Happy Science

Mariko Isis

Vice Chairperson of the Board of Directors
Supervisor of International Headquarters

※ The professional titles represent the position at the time of the interview.

バラク・フセイン・オバマ Jr.（1961 －）

アメリカ合衆国の政治家。民主党に所属。第 44 代大統領。ハワイ州ホノルル出身。ハーバード大学ロースクールを修了後、シカゴで人権派弁護士として活動する。2004 年、上院議員に当選。2008 年の大統領選挙で、アメリカ初の黒人大統領となる。2009 年には「国際的な外交と諸国民の協力を強めることに対して並はずれた努力をした」との理由でノーベル平和賞を受賞した。2012 年の大統領選挙で再選を果たした。

質問者（幸福の科学）

イシス真理子（幸福の科学副理事長 兼 国際本部担当）

※役職は収録当時のもの。

1 Summoning the Guardian Spirit of Mr. Obama, One Week Before His Visit to Japan

Ryuho Okawa Good morning, everyone.

Audience Good morning.

Ryuho Okawa President Obama is planning to come soon, maybe next week. So, we'd like to try to interview him again.

But this morning, when I asked him to come here and accept our interview, he hesitated to be interviewed because this place is very difficult even for him. This is because you are too aggressive to interview (laughs) and he has his top secret, of course. He must protect his secret before he comes to Japan. So he wants to be asked softly, just the image or something like that.

1　来日1週間前にオバマ氏守護霊を招霊する

大川隆法　みなさん、おはようございます。

会場　おはようございます。

大川隆法　オバマ大統領が、もうすぐ来られる予定です。確か、来週でしょうか。そこで、改めて彼にインタビューしてみたいと思います。

　ただ、今朝、彼に、私たちのところに来てインタビューに応じてくれるようお願いしたところ、彼はインタビューを受けることをためらっていました。というのも、この場は、さすがの彼にとっても非常に難しい場だからです。みなさんがインタビューの際に、あまりにも攻撃的ですし（笑）、彼は当然ながら最高機密事項を抱えているからです。日本に来るまでは、その機密を守らなければいけません。ですから彼としては、ソフトな質問で、単なるイメージのようなことだけにしたいとのことです。

He especially hated to be interviewed by Mr. Soken Kobayashi (audience laughs), Mr. Oikawa or Mr. Tsuiki, like them. And he pointed that the Vice Chairperson, Ms. Mariko Isis, is the only person he can accept because she was the first interviewer* (at Happy Science with the guardian spirit of Mr. Obama) of his message and at that time, she was very soft and never assaulted him (audience laughs). It's the only chance for him to come here, so I asked her if she can accept his offer and she said, "Oh, yes." So this is the reason of her interviewing Mr. Barack Obama.

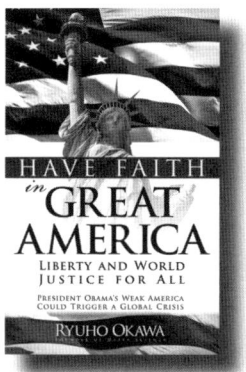

* A spiritual interview was recorded a day after the presidential election with the guardian spirit of Mr. Obama on November 5, 2008. See *Have Faith in Great America* by IRH Press Co., Ltd., 2012.

1　来日1週間前にオバマ氏守護霊を招霊する

　特に、小林早賢さんや（会場笑）、及川さん、立木さんなどからインタビューされるのは嫌だということで、「副理事長のイシス真理子さんに限ってなら、お受けしてもいい」と指名してきました。彼女は（幸福の科学でオバマ氏の守護霊に）初めてインタビューした人で（注）、その時も非常にソフトでしたし、決して襲いかかったりはしませんでしたので（会場笑）。彼がこの場に来てくれるチャンスは、それしかないので、彼のオファーを受けてもらえるか彼女に聞いてみたところ、「はい、大丈夫です」と言ってくれました。そういうわけで、彼女からバラク・オバマ氏にインタビューしてもらうことになりました。

（注）2008年11月5日、米大統領選の翌日、オバマ氏の守護霊にインタビューしたときのこと。『バラク・オバマのスピリチュアル・メッセージ』（幸福の科学出版刊）参照。

1 Summoning the Guardian Spirit of Mr. Obama, One Week Before His Visit to Japan

So today, we have several points to hear from him, but of course negotiation is very tough and sophisticated and may result in some kind of danger. He doesn't want to be known about his final results, so this is a very difficult matter. For our side, we want to know everything, of course, but it's not so good for him or not so kind to him. So, let's start with just the usual, common conversation and please search his real thinking, if possible. It's up to you (interviewer) (laughs).

OK? Then (claps once), we will invite the guardian spirit of President Obama. Mr. Obama, here is the interviewer that you required this morning, Ms. Mariko Isis, Vice Chairperson of our Board of Directors and Supervisor of International Headquarters. Could you kindly come down here and speak through me?

The guardian spirit of Mr. Barack Obama, could you come down here?

(About 7 seconds of silence)

そこで今日は、彼に聞きたい点がいくつかありますが、やはり駆け引きはそうとう厳しく、高度で、結果としてある種の危険を伴うかもしれません。彼は最終的な結果については知られたくないと思っていますから、非常に難しいことです。こちら側としては、やはり、すべてを知りたいわけですが、彼にとっては、あまり望ましいことではないでしょうし、あまり思いやりがあるとは言えません。ですから、最初は、ただ普通の一般的な会話から入って、可能であれば彼の本心を探ってください。あなた(質問者)にかかっていますので(笑)。

　よろしいですか。それでは(1回手を叩く)、オバマ大統領の守護霊をお招きします。ミスター・オバマよ、こちらに、あなたが今朝、指名されたインタビュアーの、副理事長 兼 国際本部担当、イシス真理子さんが来ております。こちらにお越しいただき、私を通してお話しいただけますでしょうか。

　バラク・オバマ氏の守護霊よ。こちらにお越しいただけますでしょうか。

(約7秒間の沈黙)

2   One Reason for His Visit to Japan – the Prestige of the United States

Obama's Guardian Spirit* (Coughs) Oh.

Isis Good morning, Mr. President.

Obama's G.S. Good morning.

Isis Thank you so much for coming today. I'm very honored to meet you today, Mr. President.

Obama's G.S. Me, too.

Isis Thank you so much. As your visit to Japan is coming next week…

Obama's G.S. Yes.

---

* Obama's Guardian Spirit will be noted as Obama's G.S. from this point on.

2　来日の理由は「米国の威信」

オバマ守護霊　（咳をする）ああ。

イシス　おはようございます、大統領。

オバマ守護霊　おはようございます。

イシス　本日はお越しくださり、本当にありがとうございます。今日は大統領にお会いできて、大変、光栄です。

オバマ守護霊　こちらこそ。

イシス　ありがとうございます。あなたの来日が来週に迫っていますので……。

オバマ守護霊　はい。

2 One Reason for His Visit to Japan – the Prestige of the United States

Isis Yes, we'd like to ask you... we'd like to have a light conversation today, before you come to Japan. May I ask you some questions?

Obama's G.S. OK. You're the first person who interviewed me? I remember.

Isis Yes. About three years ago. Yes.

Obama's G.S. Yes. That was the first trial.

Isis Yes.

Obama's G.S. And this is your second. OK.

Isis Yes (laughs).

Obama's G.S. All right, all right. If possible, I'll answer your questions.

2　来日の理由は「米国の威信」

イシス　はい、来日される前に、あなたにご質問を……今日のところは軽くお話を伺いたいと思います。質問させていただいてよろしいでしょうか。

オバマ守護霊　ＯＫです。あなたは最初に私にインタビューした方ですね。覚えていますよ。

イシス　はい、３年ほど前です。はい。

オバマ守護霊　はい。あれが初めての試みでしたね。

イシス　はい。

オバマ守護霊　そして２回目ですか。ＯＫ。

イシス　はい（笑）。

オバマ守護霊　大丈夫ですよ、大丈夫です。答えられることなら、質問にお答えします。

2 One Reason for His Visit to Japan – the Prestige of the United States

Isis Thank you very much. First of all, I would like to ask, "Why are you coming to Japan this time?" (Laughs) (Audience laughs)

Obama's G.S. Oh! "Why?"

Isis Yes.

Obama's G.S. Hmm.

Isis If there is any reason, or... yes, I know that you had canceled the last visit to Asia.* Is there any other reason?

Obama's G.S. One reason is for the prestige of the United States. I already said that we'll abandon being the policeman of the world.** But it's misunderstood that the United States abandoned all the forceful deeds

---
* In autumn of 2013, President Obama was scheduled to visit Indonesia, Brunei, Malaysia and the Philippines. However, the visit was canceled due to the U.S. government's financial crisis.
** He said in his speech on Syria on September 10, 2013, "America is not the world's policeman."

2　来日の理由は「米国の威信」

イシス　どうもありがとうございます。まず初めにお伺いしたいのですが、「今回は、なぜ日本に来られるのですか」（笑）（会場笑）。

オバマ守護霊　おお！「なぜ」ですか。

イシス　はい。

オバマ守護霊　うーん。

イシス　何か理由とか……そう、前回はアジアにいらっしゃる予定をキャンセルされましたよね（注1）。ほかに何か理由がおありなのですか。

オバマ守護霊　一つの理由は、「米国の威信」のためです。私はすでに、「われわれは世界の警察官をやめる」と言いました（注2）。しかし、その言葉が「米国は、世界に対して力で働きかけることを一切放棄した」というふうに誤

（注1）2013年秋、インドネシア、ブルネイ、マレーシア、フィリピンを訪問する予定だったが、政府の財政危機問題のため、歴訪をキャンセルした。
（注2）オバマ米大統領はシリア問題に関する2013年9月10日の演説で、「アメリカは世界の警察官ではない」と述べた。

2 One Reason for His Visit to Japan – the Prestige of the United States

to the world; this is not correct. We have another power; the power of persuading other countries because we are the last superpower of the world. So we don't need to use military power, but we can have conversations and settle every problem. If we do it earnestly, yes, we can.

So, I want to come here to settle the confliction between Japan and South Korea and of course, it's including the matter of China. China's military power and of course, the peril of invasion from China. It's regarding the Philippines and Malaysia. So if I come here and visit these countries, they will feel Mr. Obama hasn't forgotten to protect friendliness of the countries between them and the United States.

Japan is the first country, which will welcome my visit. At first, South Korea was not in my plan, but Ms. Park Geun-hye invited me very earnestly, so I must go there. But we U.S., Japan and South Korea must be friends, so this is a very important mission for me. And I must persuade the Philippines and Malaysia that I will

2 来日の理由は「米国の威信」

解されていますが、それは正しくありません。われわれにはもう一つの力があります。他国を説得する力です。われわれは世界の最後の超大国であり、軍事力を用いなくても、対話によってあらゆる問題を解決することができるからです。真摯に行えば、そう、できるのです。

ですから、私がここに来るのは、日本と韓国の間の対立を解決したいためです。もちろん、中国の問題も含めてです。中国の軍事力や、当然、中国による侵略の危機もそうです。フィリピンやマレーシアに関してです。私が来て、これらの国を訪問すれば、「オバマさんは、自分たちと米国の間の、国と国の友好関係を守ることを忘れたわけではないな」と感じてくれるでしょう。

日本は最初の訪問国で、私の訪問を歓迎してくれることでしょう。韓国には当初、訪問する予定はなかったのですが、朴槿惠さんが非常に熱心に招待してくれましたので、行かないわけにはいきません。私たち米国、日本および韓国は友人でなければなりませんから、私は今回、きわめて重要な使命を担っています。フィリピンとマレーシアも、

do my best to protect them. This is just the illustration from me to them that we will do our best for them.

Isis OK. From my impression, I thought you had less interest in East Asia, but you have the will to protect it?

Obama's G.S. You think like that, I know. Of course I'm very busy because of our inner problem, I mean, the non-international, American problem. I'm very busy, but I never abandon being the protector of the world. We are still the spiritual leader of the world.

Isis That's a very great thing to hear because when we first talked after you were first elected as the president of the United States, I think you answered my question that you have no interest to be a world policeman.

「私はあなたがたを全力で守ります」と説得しなければなりません。今回は、われわれが彼らのために最善を尽くすということを、私から彼らに示す行為に他なりません。

イシス 分かりました。私の印象では、あなたは東アジアにはあまり関心をお持ちでないと思っていましたが、(東アジアを)守る意志をお持ちだということですね。

オバマ守護霊 そう思われるのは分かりますよ。もちろん、私は国内問題で、要するに国際問題ではなくアメリカの問題で、非常に多忙です。非常に多忙ではありますが、決して世界の守り手としての役割を放棄するわけではありません。われわれは今なお、世界の精神的リーダーなのです。

イシス その言葉をお聞きして、大変うれしく思います。初めてお話をさせていただいた時、つまり、あなたが初めて米大統領に選ばれた時、あなたは私の質問に答えて、「世界の警察官であることに興味はない」とおっしゃったように思いますので。

Obama's G.S. Oh…

Isis That the United States should not be a world policeman. They have to think only about themselves. So, maybe your thoughts have changed or maybe you are just saying a good thing…

Obama's G.S. The problem is very simple. Just money. The problem of money. We don't have enough income. If there are no budgets, no policeman can work diligently. So, it's just a reason. We must keep the laws of the world and the order of the world. But we don't have enough budget, so I just stopped to think deeply and minimize the budget of being the world police. That's the only reason. So I have the will, of course!

Isis You have a strong will, but you have a low budget.

2　来日の理由は「米国の威信」

オバマ守護霊　ああ……。

イシス　「米国は世界の警察官になるべきではなく、自分たちのことだけ考えるべきだ」とおっしゃいました。ですから、考え方を変えられたのでしょうか。それとも、聞こえのいいことをおっしゃっているだけなのでしょうか……。

オバマ守護霊　問題はきわめて単純です。単に、お金ですよ。お金の問題です。われわれは収入が十分ではないんです。予算がなければ、どんな警察官だって勤勉に働くことはできませんからね。単にそれだけの理由です。われわれは世界の法と秩序(ちつじょ)を維持(いじ)しなければいけませんが、予算が十分ありません。そこで私は、よくよく考えて、「世界の警察官」としての予算を最小限に抑(おさ)えただけのことです。それだけの理由です。ですから当然、その意志はありますよ！

イシス　あなたは強い意志をお持ちであるということですね。でも、あまり予算がないと。

Obama's G.S. No money.

Isis OK.

Obama's G.S. Sorry, sorry. Japan has money, so help me (audience laughs).

3 Reason Number Two – Tough Financial Situation of the United States

Isis (Laughs) OK. Thank you for your honest opinion. Since you mentioned about your country's financial problems, may I ask you what you think about TPP?

Obama's G.S. Oh, TPP?*

Isis Yes.

---

* Trans-Pacific Strategic Economic Partnership Agreement. A multi-national free trade agreement between transpacific countries.

オバマ守護霊　お金がないんです。

イシス　分かりました。

オバマ守護霊　すみません、すみませんね。日本はお金がありますから、助けてください（会場笑）。

3　もう一つの理由は「米国の苦しい財政」

イシス　（笑）はい。率直なご意見をありがとうございます。アメリカの財政問題に触れられましたが、ＴＰＰについてはどうお考えか、お伺いしてよろしいでしょうか。

オバマ守護霊　ああ、ＴＰＰ（注）？

イシス　そうです。

（注）環太平洋パートナーシップ協定。環太平洋地域の国々による、経済の自由化を目的とした多角的な経済連携協定。

3 Reason Number Two – Tough Financial Situation of the United States

Obama's G.S. First, TPP!? No, secondly, TPP!? It's a difficult problem. It's a tough negotiation with Mr. Abe, so… hmm, I must guard my mouth.

Isis Maybe the issues of TPP might concern the low budget of your country because Mr. Abe is compromising conditions regarding TPP.

Obama's G.S. Oh, Mr. Abe still wants to save farmers of Japan. But Japan is a highly industrialized country, so please give up that kind of illusion. We Americans are "farmers." We are just asking you of five goods.* All of them are products of American farmers. We are an underdeveloped country. Please help us.

You are a very sophisticated and highly industrialized country! You just point about your exportation of cars, Toyota cars, and we just want to sell you the

---

* Rice, barley (or wheat), beef and pork, dairy products and sugar. The Japanese side is trying to maintain the import taxes on these five crucial goods.

3　もう一つの理由は「米国の苦しい財政」

オバマ守護霊　のっけからＴＰＰ⁉　じゃなかった、二番目にＴＰＰ⁉　それは難しい問題です。安倍さんとの厳しい交渉(こうしょう)です。なので……うーん、口にチャックか何かしないといけません。

イシス　ＴＰＰの問題は、アメリカの予算不足の問題と関係があるかもしれません。というのも、安倍さんはＴＰＰに関して、条件を譲歩(じょうほ)していますから。

オバマ守護霊　ああ、安倍さんは、いまだに日本の農家を救いたいのです。しかし、日本は高度な工業国ですから、どうか、そういった幻想(げんそう)は捨ててください。私たちアメリカ人は"農家"なのです。私たちは５品目（注）についてだけお願いしているのです。それらはすべてアメリカの農産物です。私たちは"後進国"なのですから、どうか助けてください。

　あなたがたは非常に洗練された、高度な工業国なんですから！　そちらのご指摘は、トヨタなどの車の輸出の話だけでしょう。私たちは農産物を売りたいだけなんです。ど

（注）コメ、麦、牛肉・豚肉、乳製品、砂糖のこと。日本側は、この重要5品目の関税を維持しようとしている。

farming goods. Please help us! Open your door and buy American agricultural goods!

Isis Really?

Obama's G.S. Yes. We are "farmers."

Isis Because I thought that the United States is much larger than Japan, so maybe the United States could, you know…

Obama's G.S. If you accept us, you can buy cheap American beef. It's good!

(Audience laughs)

Obama's G.S. Delicious and helpful for all the families in Japan.

Isis OK, so that's your opinion.

3　もう一つの理由は「米国の苦しい財政」

うか助けてくださいよ！　扉(とびら)を開いて、アメリカの農産物を買ってください！

イシス　本当ですか。

オバマ守護霊　ええ。私たちは"農家"ですからね。

イシス　アメリカは日本より、ずっと大きい国だと思っていました。ですから、きっとアメリカは……。

オバマ守護霊　私たちを受け入れてくださされば、アメリカの安い牛肉を買うことができます。これはいいですよ！

（会場笑）

オバマ守護霊　おいしいですし、日本中の家庭が助かりますよ。

イシス　分かりました。それがあなたのご意見ですね。

3 Reason Number Two – Tough Financial Situation of the United States

Obama's G.S. You know, Japanese taxes, import tax is about 38.5%* or around that. Almost 40%. So, if you make it 0%, you can be rich indeed, in the real meaning. You can eat American beef every day. That's American life. It's a dream! A Japanese dream. A new Japanese dream! Buy American goods!

Isis And then, American people can be rich, right?

Obama's G.S. Yes, American farmers can be rich.

Isis OK. Thank you.

Obama's G.S. And the automobile industry has its origin in the United States of America in Detroit!** You know?

Isis Yes, yes.

* Import tax rate (tariff) on beef.
** A U.S. city which is the home to GM (General Motors Company). The city prospered as the world's largest automotive town, but became bankrupt in July 2013.

3　もう一つの理由は「米国の苦しい財政」

オバマ守護霊　ほら、日本の関税、輸入関税は、38.5％（注1）か、それぐらいです。40％近いんです。これを0％にすれば、本当の意味で、実に豊かになれますよ。毎日アメリカ産牛肉を食べられます。アメリカ風の生活です。夢のようですね！　日本の夢、ニュー・ジャパニーズ・ドリーム（日本の新しい夢）です！　アメリカ産のものを買いましょう！

イシス　そうすれば、アメリカの人たちが豊かになれるということですね。

オバマ守護霊　そう、アメリカの農家が、豊かになれる。

イシス　分かりました。ありがとうございます。

オバマ守護霊　それに、自動車産業の起源はアメリカのデトロイト（注2）です！　ご存じでしょう？

イシス　はい、はい。

（注1）牛肉の関税率のこと。
（注2）GM（ゼネラル・モーターズ）が本拠を構える米デトロイト市は、世界最大の自動車の街として栄えてきたが、2013年7月に財政破綻した。

Obama's G.S. Detroit is a disaster! Yes it is.

Isis Yes. I'm very sorry.

Obama's G.S. So, yes! That word is correct! Japanese industries, especially automobile industries, should say, "We are sorry."

Isis Yes, I feel sorry for them.

Obama's G.S. Give your money for Detroit city.

Isis Now, I feel sorry for Detroit, but Japanese automobile companies are making hard efforts.

Obama's G.S. The city of Detroit is destroyed by Japanese car industries and there is only one RoboCop[*] (laughs) who is guarding that city. RoboCop only.

---

[*] A cyborg cop that appears in the movie *RoboCop*, an American sci-fi action film set in Detroit. Released in 1987. A remake of the film was released this year, 2014.

3 もう一つの理由は「米国の苦しい財政」

オバマ守護霊 デトロイトは悲惨な状態ですよ! はい。

イシス はい。とても気の毒に(sorry)思います。

オバマ守護霊 そう! その言葉は正しい! 日本の産業界、特に自動車産業界は、「申し訳ありません(sorry)」と言うべきですよ。

イシス ええ。お気の毒だと思っています。

オバマ守護霊 デトロイト市のために、お金を下さい。

イシス デトロイトのことはお気の毒ですけれど、日本の自動車産業界は、非常な努力をしています。

オバマ守護霊 デトロイト市は、日本の自動車産業によって破壊されたんですよ。市を守っているのはロボコップ(注)一人しかいません(笑)。ロボコップだけです。あまり収

(注)デトロイトを舞台にした、アメリカのSFアクション映画「ロボコップ」に出てくるロボット警官。1987年公開。2014年にリメイク版が公開。

They don't have enough income, so only RoboCop is protecting the city.

Isis RoboCop?

Obama's G.S. Yes, RoboCop. He died and was remade as a robot cop. We don't have enough taxes for the city, so America is on the verge of... oh, no, I cannot say the next word. So, on the verge of... oh, yes, 'crisis' is OK. Crisis. Help us! Help us. This is the meaning of my visit to Japan.

Isis You're coming to Japan to...

Obama's G.S. Don't make any conflicts with China. We need money for war, so please sit down and be peaceful. And please do *zazen* here in Japan.

Isis You're coming to Japan for money?

3　もう一つの理由は「米国の苦しい財政」

入がないから、ロボコップが街を守っているだけなんです。

イシス　ロボコップ？

オバマ守護霊　ええ、ロボコップです。彼は死んでから、ロボットの警察官として、つくり直されました。私たちは、デトロイト市のための税収が足りないんです。アメリカは……だめだ、次の言葉は言えません……ああ、そうだ。「危機」なら大丈夫だ。危機に直面しているんです。助けてください！　助けてください。これが、私が日本を訪問する意味なんです。

イシス　あなたが来日されるのは……。

オバマ守護霊　中国とは紛争(ふんそう)を起こさないでくださいね。戦争をするにはお金が要ります。ですから、静かに座って、ここ日本で坐禅(ざぜん)でもしていてください。

イシス　お金のために日本にいらっしゃるのですか。

3 Reason Number Two – Tough Financial Situation of the United States

Obama's G.S. For money (audience laughs)? No, no, no, no (laughs). Not only for money, but also in a spiritual meaning and of course, for peaceful world order; to make the peaceful world order. That is the main mission, of course.

Isis OK. For making a peaceful world, you need Japan to stay calm and not argue with China or South Korea?

Obama's G.S. Don't say bow-wow to China.

Isis Oh, OK. OK, let's just…

Obama's G.S. It's cheap.

Isis It's cheaper?

Obama's G.S. It's cheaper, yes.

Isis Oh, OK.

3　もう一つの理由は「米国の苦しい財政」

オバマ守護霊　お金のため(会場笑)？　いえ、いえ、いえ、いえ(笑)。お金のためだけではなく、精神的な意味もありますし、そして、当然、平和な世界秩序のためです。平和な世界秩序をつくるために来るんです。当然、それが主たる使命です。

イシス　分かりました。「平和な世界をつくるためには、日本は静かにして、中国や韓国と言い争いをしてはいけない」と？

オバマ守護霊　中国に向かって、ワンワン吠えないでください。

イシス　ああ、分かりました。分かりました。では……。

オバマ守護霊　そのほうが安いので。

イシス　そのほうが安上がりだと？

オバマ守護霊　はい、安上がりです。

イシス　ああ、分かりました。

4 Prime Minister Abe is "Between Churchill and Hitler"

Isis So, let's move on to the next question.

Obama's G.S. OK?

Isis OK, can I ask how you feel about Prime Minister Abe?

Obama's G.S. Prime Minister Abe?

Isis Yes, I believe… Oh, go ahead.

Obama's G.S. We, Americans are very suspicious about him.

Isis Suspicious?

4　安倍首相は「チャーチルとヒットラーの間」

イシス　それでは、次の質問に移りましょう。

オバマ守護霊　よろしいんですか？

イシス　大丈夫です。安倍首相についてどのように思われるか、お聞きしてもよろしいでしょうか。

オバマ守護霊　安倍首相ですか。

イシス　はい。私が思うに……あ、どうぞ。

オバマ守護霊　われわれアメリカ人は、彼のことを非常に疑わしく思っています。

イシス　疑わしく思っている？

4 Prime Minister Abe is "Between Churchill and Hitler"

Obama's G.S. He is a person between Churchill* and Hitler.**

Isis Wow, that's a great difference, right?

Obama's G.S. Ah, but between the two people.

Isis Can you describe that more please?

Obama's G.S. "Is he standing by the goddess of justice, or not?" That is the problem.

オバマ守護霊　彼は、チャーチル（注1）とヒットラー（注2）の間に位置する人物です。

イシス　ワオ、それは、大きな違いですよね。

オバマ守護霊　ああ、しかし、その二人の間です。

イシス　もう少し詳しくお伺いできますか。

オバマ守護霊　彼が、「正義の女神」の傍らにいるかどうかが問題です。

---

* Winston Churchill (1874-1965) A politician of the United Kingdom. He served as a prime minister during World War II. Happy Science has recorded his spiritual messages twice (See *Minshuto Bokokuron* [DPJ Will Bring the Country to Ruin] by IRH Press Co., Ltd., 2010 and *Nintai no Jidai no Gaiko Senryaku Churchill no Reigen* [The Diplomatic Strategies in the Age of Perseverance, Spiritual Message from Churchill] by IRH Press Co., Ltd., 2014).

（注1）ウィンストン・チャーチル（1874-1965）イギリスの政治家。第2次大戦中に首相を務めた。幸福の科学において、霊言を2度収録している（『民主党亡国論』［幸福の科学出版刊］、『「忍耐の時代」の外交戦略　チャーチルの霊言』［同］参照）。

** Adolf Hitler (1889-1945) A German politician and the leader of the Nazis. His spiritual message was recorded in the past (See *Kokka Shakai Shugi towa Nanika* [What is National Socialism?] by IRH Press Co., Ltd., 2010).

（注2）アドルフ・ヒットラー（1889-1945）ドイツの政治家で、ナチスの指導者。霊言も収録している（『国家社会主義とは何か』［幸福の科学出版刊］参照）。

Isis Goddess of Justice?

Obama's G.S. Or devil.

Isis Oh.

Obama's G.S. Oh, "which one?"

Isis Why do you think that way?

Obama's G.S. As you know, U.S. journalism has a lot of suspicion about him because American journalism is usually under the control of Jewish capital, and now, some part of them are under the control of Chinese capital. So they are feeling it's very dangerous for the area of Asia to be controlled by Mr. Abe. His opinion is too strong and too straight, and his un-negotiable attitude is very dangerous. So if we look at him from some angle, he looks Hitler-like, a powerful person

イシス　正義の女神？

オバマ守護霊　もしくは、悪魔です。

イシス　えっ。

オバマ守護霊　ああ、そのどちらか。

イシス　なぜ、そう思われるのですか。

オバマ守護霊　ご存じの通り、米国のジャーナリズムは彼に対して、そうとう疑いを抱いています。アメリカのジャーナリズムは、たいていがユダヤ資本の支配下にありますが、今は中国資本もいくらか入ってきていますからね。ですから彼らは、アジア地域が安倍さんに支配されるのは非常に危険であると感じています。彼の意見は、あまりに強気でストレート過ぎますし、交渉の余地を見せない態度は非常に危険です。ですので、見方によっては、ヒットラー的なパワーを持つ人物、日本のカリスマのように見えるわけで

and a charisma of Japan. We don't want to wait for the resurrection of MacArthur★ (laughs). We don't want to do that kind of disastrous attack or war again, so please persuade him to be peaceful. Through conversations, we can settle a lot of problems in international affairs.

Isis Maybe Mr. Abe is trying to show the historical truth of the Japanese and Japan. So maybe he is trying to…

Obama's G.S. Change Article 9 (of the Japanese constitution)?

4　安倍首相は「チャーチルとヒットラーの間」

す。私たちは、マッカーサー（注）の復活を待っているわけにはいきません（笑）。あの種の悲惨な攻撃や戦争は二度としたくありませんので、どうか彼に、平和的になるように説得してください。国際問題の多くは、対話によって解決することが可能です。

イシス　安倍さんは、たぶん、日本人や日本に関する歴史の真実を示そうとしているんです。ですから、たぶん、彼がやろうとしているのは……。

オバマ守護霊　（憲法）九条の改正？

---

* Douglas MacArthur (1880-1964) General of the Army of the United States of America. His spiritual message was recorded in the past (See *MacArthur Sengo 65 Nen-me no Shogen* [A Testimony from MacArthur 65 Years After the War] by IRH Press Co., Ltd., 2010).
　（注）ダグラス・マッカーサー（1880-1964）アメリカ合衆国の陸軍元帥。霊言も収録している（『マッカーサー　戦後65年目の証言』［幸福の科学出版刊］参照）。

Isis Yes.

Obama's G.S. Hmm. Ah, it's a problem.

Isis Maybe because the United States or other countries might not help Japan when Japan is in crisis. So, Mr. Abe is trying to protect, to change the constitution so that…

Obama's G.S. Oh, no. We can…

Isis Japan can protect themselves.

Obama's G.S. We can. We can help you.

Isis Really? But you have no more money, right?

Obama's G.S. (Overtalks) We are friends, we are friends (audience laughs).

イシス　そうです。

オバマ守護霊　うーん。ああ、それは問題ですね。

イシス　アメリカやその他の国は、日本が危機に陥(おちい)ったときに助けてくれないかもしれませんので、安倍さんは守りを固めようとして、憲法を変えて……。

オバマ守護霊　いや、私たちが……。

イシス　「日本が、自分で自分を守れるようにしよう」としているわけです。

オバマ守護霊　私たちがやれます。あなたがたを助けてあげられますよ。

イシス　本当ですか。でも、もうお金がないんですよね。

オバマ守護霊　（イシスと同時に早口で）私たちは友人です、友人です（会場笑）。

Isis Really?

Obama's G.S. You can trust me. So trust me. We are friends. We will protect our friends.

Isis Is that so?

Obama's G.S. So, please trust me. Without money, but we can (audience laughs). If you lend us some money, we'll fight against your enemy at that time.

Isis If we lend you money?

Obama's G.S. Yeah, yeah, yeah.

Isis OK (laughs).

Obama's G.S. It's a condition. One condition for now. It's a negotiation for next week. Ha, ha, ha.

イシス　本当ですか。

オバマ守護霊　信じてくださって大丈夫ですよ。私を信じてください。私たちは友人です。友人のことは守りますから。

イシス　そうですか？

オバマ守護霊　ですから、どうか私を信じてください。お金はありませんが、やれます（会場笑）。お金を貸してもらえれば、その時は、あなたがたの敵と戦いますよ。

イシス　「お金を貸してあげたら」ですか。

オバマ守護霊　はい、はい、はい。

イシス　分かりました（笑）。

オバマ守護霊　それが条件です。現状での、一つの条件です。それが来週の交渉です。ハハハ。

5 On Wall Street and Money

Isis So, you don't like Mr. Abe in that point.

Obama's G.S. We need ODA* from Japan. Yeah.

Isis Really?

Obama's G.S. Because you are a developed country, so we need. We are akin to Greece and Spain.

Isis No, no.

Obama's G.S. Yeah, really.

Isis Really?

---

* Acronym for Official Development Assistance. Refers to the distribution of funds and technology, given by the government, for the development of economy and society, and the improvement of public welfare in developing countries.

5　ウォール街と「マネー」について

イシス　その点では、安倍さんのことが好きではないわけですね。

オバマ守護霊　日本からのＯＤＡ（注）が必要です。ええ。

イシス　本当ですか。

オバマ守護霊　あなたがたは先進国ですからね。私たちには必要です。私たちはギリシャやスペインのような国なので。

イシス　いえいえ。

オバマ守護霊　そう。本当です。

イシス　本当ですか。

（注）政府開発援助。Official Development Assistanceの頭文字を取ったもの。開発途上国の経済・社会の発展や福祉の向上に役立つために、政府が資金・技術提供をすること。

5 On Wall Street and Money

Obama's G.S. Oh yeah. We are aiming at realizing Detroit city again. This country…

Isis Really. Obamacare* is difficult, right?

Obama's G.S. Obamacare is a good aid, but we don't have enough money. That's the problem.

Isis That's a big problem.

Obama's G.S. (Crying out looking above) Oh God! Help us! We need "manna"** from heaven! "Manna," no, no, not "manna." Not "manna," but "money" from heaven!

Isis (Laughs) That's a big problem.

---

* A reform in the healthcare system of the United States, promoted by the Obama administration.
** An edible substance that appears in the "Old Testament." God rained it from Heaven in response to Moses' prayer.

5　ウォール街と「マネー」について

オバマ守護霊　そうですとも。私たちはデトロイト市（米国自動車業界）を再び実現することを目指しています。この国は……。

イシス　そうですか。オバマケア（注1）は厳しいですね？

オバマ守護霊　オバマケアは素晴らしい援助なのですが、資金が十分にないんです。そこが問題なんです。

イシス　それは大問題ですね。

オバマ守護霊　（天を仰いで叫ぶ）神よ！　われらを助けたまえ！　われらは天からのマナ（注2）が必要です！　マナです。いや、いや、マナではなかった。「マナ」ではなくて、天からの「マネー」が必要です！

イシス　（笑）大問題ですね。

（注1）オバマ政権が推進する医療保険制度改革のこと。
（注2）旧約聖書に出てくる食べ物で、神がモーセの祈りに応えて天から降らせた。

Obama's G.S. Yeah. A big problem. I'm not good at earning money, so it's a problem. I hate Wall Street. That's a problem of America.

Isis So, you still hate Wall Street.

Obama's G.S. Yeah. Really. Because my colleagues, or my co-students at Harvard or Columbia University are earning good money more than me, so I envy them. They should pay more taxes! I think so. Yeah. It's true.

My income is the same as one of the member of the parliament of Japan. It's the same. I am the president of the United States and world leader!? And my income is the same as one person of the Japanese parliament or congress. So, it's not fair! You are too rich.

Isis Really?

Obama's G.S. Yeah. I have been working harder and harder. My tasks are very helpful for weaker American

5　ウォール街と「マネー」について

オバマ守護霊　ええ。大問題です。私はお金を稼（かせ）ぐのは得意ではないので、問題なんです。ウォール街（がい）が嫌（きら）いなんですよ。そこが、アメリカの問題点なんです。

イシス　今でも、ウォール街がお嫌いなんですね。

オバマ守護霊　ええ。本当に。私の同僚（どうりょう）というか、ハーバードやコロンビア大学時代の同級生たちは、私より稼ぎがいいので、羨（うらや）ましいんです。彼らはもっと税金を払（はら）うべきですね！　そう思いますよ。本当です。
　私の収入は、日本の国会議員の一人分と同じです。同じなんですよ。アメリカの大統領であり世界のリーダーですよ⁉　それでいて、収入は日本の議員、衆院議員と同じです。不公平ですよ！　あなたがたは、お金が有りすぎです。

イシス　本当ですか。

オバマ守護霊　はい。私はずっと頑張ってきたんです。私のやった仕事は、アメリカの弱者の人たち、特に黒人やス

people, especially Black people, Spanish people and homosexual people. I did good things to them. God help me!

Isis (Laughs) OK. I just wanted to ask you, if you are in so much trouble in earning money, I was wondering that…

Obama's G.S. Money hates me. Money just hates me. I don't hate money, but money hates me.

Isis Oh, that's a problem.

Obama's G.S. It's a problem. I cannot solve this problem. This is a difficult problem.

Isis I was wondering if you were really going to buy a Linear *Shinkansen** (High-speed Maglev Train).

---

* During the summit in February 2013, Abe proposed to Obama to provide the United States with Maglev technology.

ペイン人や同性愛者にとって、大いに役に立っているんです。彼らにとって良いことをしたんです。神よ、助けたまえ！

イシス （笑）分かりました。お聞きしたかったのは、もし、そんなにお金を稼ぐのに苦労されているなら……。

オバマ守護霊 お金に嫌われてるんです。嫌われてるだけなんです。私はお金を嫌っていないのですが、お金に嫌われてるんです。

イシス ああ、それは問題ですね。

オバマ守護霊 問題です。この問題が解決できないんですよ。難問です。

イシス 本当にリニア新幹線を買ってくださるのか、気になっていたんです（注）。

（注）2013年2月の首脳会談で、安倍氏がオバマ氏にリニア新幹線の技術提供を申し出た。

Obama's G.S. Linear… Oh no, we don't need it.

Isis You don't need it? Because I heard…

Obama's G.S. We must keep our budget, so we don't need it.

Isis I heard that you were going to buy it from Japan.

Obama's G.S. If you give it to us for free.

Isis Free!?

Obama's G.S. Then it's OK.

(Audience laughs)

Isis I heard on the news that you were going to buy it from Mr. Abe?

オバマ守護霊　リニア……。いえ、必要ないですね。

イシス　必要ないんですか。でも、聞いた話では……。

オバマ守護霊　予算を守らなくてはいけないので、必要ありません。

イシス　日本から買うつもりだと伺ったのですが。

オバマ守護霊　もし、タダでくれるなら。

イシス　タダですか!?

オバマ守護霊　それならいいですよ。

（会場笑）

イシス　ニュースで、あなたが安倍さんから買うとお聞きしたんですが。

Obama's G.S. No, no, no.

Isis From Washington to Baltimore?

Obama's G.S. With ODA?

Isis ODA!? No! (Laughs) Really?

Obama's G.S. We will return that fund next century.

(Audience laughs)

Isis That's a long time.

Obama's G.S. Yeah. I will have passed away already at that time and Mr. Abe would also be under his grave, so....

Isis So, everyone will forget about this.

オバマ守護霊　いえ、いえ、いえ。

イシス　ワシントンからボルチモアまで。

オバマ守護霊　ＯＤＡで？

イシス　ＯＤＡ⁉　まさか！（笑）本当ですか。

オバマ守護霊　その資金は来世紀に返済しますから。

（会場笑）

イシス　ずいぶん先ですね。

オバマ守護霊　はい。その頃には私はもう死んでいますし、安倍さんもお墓の下でしょうね。ですから……。

イシス　みんな、その事は忘れてますね。

Obama's G.S. It's OK, no problem.

(Audience laughs)

Isis OK. So, you have no interest in buying it.

Obama's G.S. Just give it to us or rent it to us. Lease is OK.

Isis But you are the United States of America.

Obama's G.S. You know the military budget of the United States is almost half the entire income of the Japanese government. It's too much. I can't pay it. That's the reason I'm getting a cheap Japanese *bucho* (middle management) –like business man income. So it's not good. It's contrary to world justice.

オバマ守護霊 大丈夫です。問題ありません。

(会場笑)

イシス 分かりました。では、リニアの購入(こうにゅう)には興味ないということですね。

オバマ守護霊 くれるか、貸してくれればいいんですよ。リースでも構いませんし。

イシス でも、あなたがたはアメリカ合衆国ですよ。

オバマ守護霊 ご存じでしょうが、米国の軍事予算は、日本政府の歳入(さいにゅう)全体のほぼ半分です。多すぎます。払えませんよ。だから私も、日本の部長クラスぐらいの安月給のビジネスマンなんです。これは、よくないですね。世界の正義に反しています。

6   Ukraine and the Devil of Russia

Isis OK. OK. Then, next question.

Obama's G.S. OK.

Isis What do you think about Ukraine?

Obama's G.S. Ukraine? Oh.

Isis It's a big issue right now.

Obama's G.S. It's a very difficult question. This is just the point I hated to be questioned by the men (in the audience). It's difficult.

Isis It's difficult.

Obama's G.S. It depends on our money again, and

6　ウクライナと「ロシアの悪魔」

イシス　分かりました。分かりました。それでは次の質問です。

オバマ守護霊　ＯＫ。

イシス　ウクライナについてはどう思われますか。

オバマ守護霊　ウクライナ？　ああ。

イシス　現在、大きな問題になっています。

オバマ守護霊　非常に難しい質問です。そこは、まさに、(会場の) あの男性たちから質問されたくなかった論点なんです。ですから、難しいですね。

イシス　難しいですよね。

オバマ守護霊　またしてもお金の問題と、若い兵士たちの

the lives of young soldiers. I already received the Nobel Peace Prize,* so…

Isis Yeah. Oh, so you don't want to have a war again?

Obama's G.S. I just want other countries to abandon nuclear power weapons and conflicts by armies. This is my position and stance. So, while I'm taking office, don't make any conflicts or war in the world. After I resign, please do it.

(Audience laughs)

Isis So, we have to wait two more years?

Obama's G.S. (Laughs) Oh, no. I already received the Nobel Peace Prize, so I want to live like that. I

---

* President Obama was awarded the Nobel Peace Prize in 2009 for his efforts toward a world without nuclear weapons.

命にかかっていますので。私はもうノーベル平和賞(注)をもらってしまっていますし……。

イシス はい。ああ、だから、もう戦争はしたくないわけですね。

オバマ守護霊 私は、他の国々に、核兵器を放棄して軍事的紛争をやめてほしいだけです。それが、私の姿勢でありスタンスなんです。ですから、私の在任中は、この世界で紛争や戦争をしないでいただきたい。私が辞任した後なら、どうぞ、おやりください。

(会場笑)

イシス では、あと2年、待たないといけないわけですか。

オバマ守護霊 (笑)困りましたね。すでにノーベル平和賞を受賞しましたので、そういう生き方をしたいと思いま

(注)「核なき世界」に向けた国際社会への働きかけを評価され、2009年に受賞した。

want to be a Jesus Christ of politics. It's my dream.

Isis A Jesus Christ of politics?

Obama's G.S. Yeah, in the aspect of politics, in the field of politics, I want to be a Jesus Christ. I want to be a peacemaker. I want to dispatch peaceful messages to the people of the world. That is, 'Barack Obama.'

Isis That's a great idea. But I thought that a real peacemaker should stop the war or make both countries talk before the war begins.

Obama's G.S. Yeah, yeah, yeah. That's the reason why I'll come here (Japan).

Isis Regarding Ukraine, too?

Obama's G.S. As a Jesus Christ in the political field.

す。私は、政治におけるイエス・キリストになりたいんです。それが夢なんです。

イシス　政治におけるイエス・キリストですか。

オバマ守護霊　ええ、政治の面で、政治の分野で、イエス・キリストになりたいんです。平和をもたらす人間（調停者）になりたい。世界の人々に平和のメッセージを送りたい。それが、「バラク・オバマ」である。

イシス　素晴らしい考えですね。ただ、本当の調停者というのは、戦争をやめさせたり、戦争が始まる前に両国に話し合いをさせたりするべきではないかと思っていたんですけど。

オバマ守護霊　はい、はい、はい。だからこそ、ここ（日本）に来るわけですよ。

イシス　ウクライナに関してもですか。

オバマ守護霊　政治分野のイエス・キリストとしてね。

Isis But you want to let Russia and E.U. to…

Obama's G.S. Russia… Russia is a troublesome country.

Isis What do you mean by that?

Obama's G.S. Mr. Putin* is… a devil-like person.

Isis Devil! Oh! Mr. Abe was between being a devil or

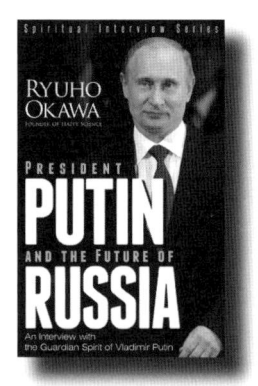

---

* Vladimir Putin (1952-) A Russian politician. Incumbent president of Russia who is in his second tenure since May 2012. He was previously the president of Russia from 2000 to 2008, and also served as prime minister from 1999 to 2000 and from 2008 to 2012. His spiritual message was recorded in the past (See *New Russian President Putin and the Future of the Empire* by IRH Press Co., Ltd., 2012).

イシス　けれども、あなたはロシアとEUを……。

オバマ守護霊　ロシア……。ロシアは困った国です。

イシス　どういう意味でしょうか。

オバマ守護霊　プーチン氏（注）は……悪魔のような人間です。

イシス　悪魔！　まあ！　安倍さんは悪魔との中間のよう

（注）ウラジーミル・プーチン（1952-）ロシアの政治家。2012年5月より、現職・第4代ロシア連邦大統領。それ以前は、第2代大統領（在任2000 - 2008）、第5代首相、第9代首相などの要職を歴任している。霊言も収録している（『ロシア・プーチン新大統領と帝国の未来』［幸福実現党刊］参照）。

not, but Mr. Putin is a devil?

Obama's G.S. A great devil! A great king of the devil. The devil of the devils. He just destroys world peace, the peaceful order of the world after World War II. He is a criminal. He must be punished!

Isis You are very angry. So you hate him.

Obama's G.S. He is destroying the world order.

Isis How about Snowden?*

Obama's G.S. Snowden? Small problem! (Noticing one of the audience holding up a white board that says 'Snowden' to Isis) Bad people!

(Audience laughs)

---

* Edward Snowden (1983-) A former CIA employee. He blew the whistle in May 2013, on the reality and process of wiretapping by NSA (National Security Agency). He fled to Russia after that.

な人ですが、プーチンさんは悪魔ですか。

オバマ守護霊　大悪魔です！　大魔王、悪魔の中の悪魔です。彼はまさに、世界の平和を、第二次世界大戦後の世界における平和的秩序を破壊しています。犯罪者です。罰を受けねばなりません！

イシス　非常にお怒りですね。では、彼のことは嫌いなのですか。

オバマ守護霊　世界の秩序を破壊していますからね。

イシス　スノーデン（注）は、いかがですか？

オバマ守護霊　スノーデン？　小さな問題ですよ！（聴衆の一人が、ホワイトボードに「スノーデン」と書いてイシスに示していたことに気づいて）嫌な人たちだなあ！

（会場笑）

（注）エドワード・スノーデン（1983- ）元ＣＩＡ職員。2013年5月に、アメリカ合衆国の諜報機関である国家安全保障局（ＮＳＡ）の、盗聴の実態と手口を内部告発し、その後、ロシアに亡命した。

Obama's G.S. Very small.

Isis Why is this small?

Obama's G.S. Small, small! Just one person! Just…

Isis But one person can make a big deal.

Obama's G.S. He is a contracted worker of the CIA. Not a formal person, just contracted, you know. In a Japanese word, he's an *Arubaito* of the CIA.

Isis Part-time worker?

Obama's G.S. So, disregard him, he is not an American will.

Isis Oh, he is not an American will?

オバマ守護霊　非常に小さなことですよ。

イシス　なぜ小さいのですか。

オバマ守護霊　小さい小さい！　たった一人ですよ！　たった……。

イシス　でも、一人の人間が大きな問題を起こすこともあります。

オバマ守護霊　ＣＩＡの単なる契約(けいやく)職員ですよ。正職員ではなくて、単なる契約職員でしょう。ＣＩＡの、日本語でいう「アルバイト」です。

イシス　パートタイマーですか。

オバマ守護霊　ですから、無視してください。アメリカの意志ではありませんので。

イシス　彼はアメリカの意志ではない？

Obama's G.S. He is just a Ninja or he was hired by the CIA. But he is not an American orthodoxical protector or a right person, I think. A bad person. He should transfer his nationality to Russia and be Russian. "Demon" Putin will welcome him.

Isis Why do you hate Mr. Putin so much?

Obama's G.S. He did bad things. He became the president of Russia twice. After that, he became the prime minister of Russia. And after that, he became the president of Russia, once again. He is dangerous, more dangerous than Hitler. Hitler was born from democracy, but Putin destroyed democracy. Russia is his own country in his hand. He gripped all the power of Russia. He is dangerous, more dangerous than Kim Jong-un. North Korea is a small country. We can perish them within one month. But Russia is more difficult to get some confirmation of winning. I mean, they have a lot of nuclear weapons, more than ten thousand nuclear missiles.

6　ウクライナと「ロシアの悪魔」

オバマ守護霊　単なる忍者というか、ＣＩＡに雇われただけですから。アメリカを守る正統派でもないし、正しい人間でもないと思います。悪人ですよ。彼は、国籍をロシアに移して、ロシア人になるべきですね。"悪魔"のプーチンが、歓迎してくれますよ。

イシス　なぜ、それほどプーチン氏が嫌いなんですか。

オバマ守護霊　彼は悪を行いました。二回、ロシアの大統領になりました。その後、ロシアの首相になって、その後再びロシア大統領に就任しました。危険です。ヒットラー以上に危険です。ヒットラーは民主主義から生まれたわけですが、プーチンは民主主義を破壊したんです。ロシアは、彼の手に握られた、彼が所有している国なんです。彼はロシアの全権力を掌握しました。危険です。金正恩以上に危険です。北朝鮮は小さな国で、１カ月以内に消滅させることができますが、ロシアに対して勝利の確証を得るのは困難です。つまり、彼らは多くの核兵器を、核ミサイルを１万発以上も保有していますので。ですから、非常に難しいんです。

So, it's very difficult.

Isis You hate Mr. Putin because he was elected three times (as the president). But you were elected two times, right?

Obama's G.S. I must say good-bye within two years. It's not fair.

Isis Oh, it's not fair? That's why you don't like him?

Obama's G.S. When I resign within two years, if Michelle Obama succeeds my presidency and after that if I can come back again to presidency, then it's OK. That would be fair. But, the American people would not allow that kind of situation. So, this is not fair. He is a destroyer of world peace and the world order.

Isis So, you are mad about Syria too, because of

6　ウクライナと「ロシアの悪魔」

イシス　あなたがプーチン氏のことを嫌いなのは、彼が（大統領選に）3回も当選しているからですね。でも、あなたも2回当選されましたよね。

オバマ守護霊　私は2年しないうちに去らないといけないんですよ。公平じゃないでしょう。

イシス　公平ではないのですか。それで、彼が嫌いなんですか。

オバマ守護霊　私が2年以内に辞任したら、ミッシェル・オバマが大統領職を引き継いで、その後再び、私が大統領に就任できるんだったら、いいですよ。それなら公平でしょう。でも、アメリカの人たちは、そういうやり方は許してくれません。ですから、公平じゃないですね。彼は、世界平和と世界秩序の破壊者です。

イシス　では、あなたは、シリアに関しても、ロシアのせ

Russia?

Obama's G.S. If we had more money we would have done something. But we don't have enough. Mr. Abe is very, very *kechi* (stingy), you know? He just talks about the military problems only. Just think about the economic problem of America. If he has some kind of friendship with America, he should say, "We will give you our budget, so please send your army to Syria" and we can cooperate at that time. No changing of the law is required. Just lend us some money and we, ourselves will do our best things to Syria.

Isis Same thing with Ukraine too?

Obama's G.S. Yeah, Ukraine too. It's the same. Ukraine is too far from the United States, so it costs a lot.

Isis Japan is far away too.

いで怒っておられると？

オバマ守護霊 もし、われわれにもっとお金があれば、何とかしたでしょう。しかし、十分なお金がないわけです。安倍さんは、実に実にケチですね。お分かりでしょう？
彼は軍事問題しか話しません。アメリカの経済問題を考えてもみてくださいよ。もし、彼がアメリカに何らかの友情を感じているのなら、「資金は出しますから、米軍をシリアに派遣してください」と言うべきでしょう。そうなれば、われわれは協力することができるわけです。法律改正は必要ありません。資金さえ貸してくれれば、われわれの手でシリアに対して最善の手段を講じます。

イシス ウクライナについても同じですか。

オバマ守護霊 ええ、ウクライナもです。同じです。ウクライナはアメリカから遠すぎて、多額の経費がかかりますから。

イシス 日本も遠いですよね。

6 Ukraine and the Devil of Russia

Obama's G.S. Ah, really!? We need at least 100,000 soldiers to send to that country and they must stay for more than three years, I guess. The budget for it is too huge for us. Hmm!

The United Nations, Mr. Ban Ki-moon* should do something, but they also need budget from Japan. But Ban Ki-moon as you know, comes from South Korea! South Korea and Japan has conflict with their emotion, so I must persuade these two countries. I want to persuade Japan to help South Korea in case of an intrusion from North Korea. If Ban Ki-Moon of the U.N. has some plan for a peace-keeping mission, please

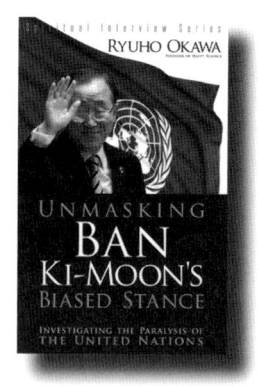

---

* Ban Ki-moon (1944-) The 8th secretary-general of the United Nations. Incumbent secretary-general since January 2007. His spiritual message was recorded in the past (See *Unmasking Ban Ki-moon's Biased Stance* by IRH Press Co., Ltd., 2013).

オバマ守護霊 ああ、そうなんですか。われわれは、最低10万人の兵士をウクライナに派兵して、3年以上は駐留(ちゅうりゅう)させる必要があると思います。あまりにも巨額(きょがく)の予算です。うーん!

　国連の潘基文(パンキムン)氏(注)は、何とかしないといけないんですが、彼らも日本に資金を出してもらう必要があるわけです。しかし潘基文氏は、ご存じのとおり韓国の人ですからね! 韓国と日本は感情的に対立していますから、私は両国を説得しないといけないんですよ。日本に対して、万一、北朝鮮が韓国に侵攻(しんこう)した場合は、韓国を助けるよう説得したいと思います。もし、国連の潘基文氏に、平和維持(いじ)活動に関する何らかの計画がある場合は、どうか、両国間の憎

(注) 潘基文 (1944-) 第8代国連事務総長。2007年1月より現職。霊言も収録している(『潘基文国連事務総長の守護霊インタビュー』[幸福の科学出版刊]参照)。

go beyond the hatred between the two countries and give him some money. I just came here to persuade this point.

Isis Just that point?

Obama's G.S. Yeah. (Sings) Money, money, money, money, money~ ♪ Money is everything.

Isis (Song by) ABBA (laughs).

Obama's G.S. I don't have enough talent regarding money. Why didn't God give me that kind of talent? I have a talent for speech, but I don't have a talent for earning money!

Isis (Laughs)

Obama's G.S. Hmm.

しみを超えて、彼のためにお金を出してあげてください。私が来るのは、まさに、この点を説得するためなんです。

イシス　まさに、その点ですか。

オバマ守護霊　そうです。(歌うように) マネー、マネー、マネー、マネー、マネー〜♪　お金がすべて。

イシス　アバ (の歌) ですね (笑)。

オバマ守護霊　私は、お金に関しては、才能が十分ではないんですよ。なぜ、神は私にその種の才能をお与えにならなかったのか。私は演説の才能はありますが、お金を稼ぐ才能はないんです！

イシス　(笑)

オバマ守護霊　うーん。

Isis That's a sad thing.

Obama's G.S. Sad thing.

Isis Yes.

Obama's G.S. My father was very poor and that's the problem. The beginning of the problem.

Isis But as the president of the United States, we would like you to help us make peace around East Asia.

Obama's G.S. We are the "farmers of the world" (laughs), and we are the "soldiers of the world" and we are the "guard men of Japan."

イシス　悲しいですね。

オバマ守護霊　悲しいことです。

イシス　はい。

オバマ守護霊　私の父はたいへん貧しかったんです。そこに問題があったんです。問題の始まりだったんです。

イシス　でも、あなたにはアメリカ大統領として、東アジアに平和を築くために、力になっていただきたいんです。

オバマ守護霊　私たちは"世界の農家"であり（笑）、"世界の兵士"であり、そして"日本のガードマン"なんです。

7 President Park, Yasukuni and the Comfort Women Issue

Isis As the guard men of Japan as you said, what do you think about South Korea, especially President Park Geun-hye?*

Obama's G.S. (Sighs) Park Geun-hye. Hmm… I must choose my words. It's difficult. After I visit Japan, I must go to South Korea, so if I make a mistake, she will kill me. So, (laughs) I must be careful about that.

---

* Park Geun-hye (1952-) 11th president and the first woman president of the Republic of South Korea. Incumbent president since February 2013. Her spiritual messages were recorded twice in the past (See *South Korea's Conspiracy* by IRH Press Co., Ltd., 2013, and *Why I Am Anti-Japan* by IRH Press Co., Ltd., 2014).

7　朴大統領、靖国そして慰安婦問題

イシス　「日本のガードマン」とおっしゃいましたが、韓国については、どのようにお考えでしょうか。特に、朴槿恵大統領（注）についてはいかがですか。

オバマ守護霊　（ため息をつく）朴槿恵さんですか。うーん……。言葉を選ばないといけませんね。難しいんですよ。日本訪問のあとで韓国に行かないといけませんので、もし間違いがあったら彼女に殺される。ですから（笑）、そこ

（注）朴槿恵（1952-）第18代韓国大統領で、女性として初の大統領となる。2013年2月より現職。霊言も2回収録している（『安重根は韓国の英雄か、それとも悪魔か』［幸福の科学出版刊］、『朴槿恵韓国大統領　なぜ、私は「反日」なのか』［同］参照）。

7 President Park, Yasukuni and the Comfort Women Issue

She is a nice, beautiful, fashionable lady, orthodoxical, blue blood of South Korea, and a talented lady (takes a few big sighs) (laughs). I hope so.

Isis (Laughs) She was, you know, really aggressive about inviting you to South Korea.

Obama's G.S. Ah, yeah. And she really is a Machiavellist. She is handling both China and the United States.

Isis What do you think about that?

Obama's G.S. Oh… Which one, I mean, Xi Jinping★ (on next page) or Obama, who is her favorite is the problem.

Isis Oh, so you're not sure about that right now?

は注意しないとまずいんです。彼女は、素敵で、美しくて、ファッショナブルな女性で、韓国の正統的な名門の出で、才能ある女性です（数回、大きなため息をつく）（笑）。そう願いたいですね。

イシス　（笑）ご存じのように、彼女はあなたを韓国に呼ぶのに、そうとう強引《ごういん》なやり方でしたよね。

オバマ守護霊　ああ、そうでした。あの人は、本当はマキャベリストなんです。中国とアメリカを両方、手玉に取ろうとしています。

イシス　それについては、どう思われますか。

オバマ守護霊　ああ……。どちらが、つまり「習近平（次ページ注）とオバマのどちらが、彼女の好みなのか」が、問題ですね。

イシス　ああ、そうすると、今はそれについて、分かりかねているということでしょうか。

Obama's G.S. Hmm… Maybe Xi Jinping.

Isis Maybe?

Obama's G.S. Hmm… he is on her mind.

Isis Yes. If Xi Jinping was on her mind, what would you do?

Obama's G.S. Hmm… I must make *gomasuri* (use

* Xi Jinping (1953-) 7th president of the People's Republic of China. Incumbent president since March 2013. His spiritual messages were recorded twice in the past (See *Sekai Kotei o Mezasu Otoko* [The Man Aiming to Become a World Emperor] by IRH Press Co., Ltd., 2010, and *China's Hidden Agenda* by IRH Press Co., Ltd., 2012).

7　朴大統領、靖国そして慰安婦問題

オバマ守護霊　うーん……たぶん習近平かなあ。

イシス　たぶん？

オバマ守護霊　うーん……彼女の頭にあるのは、彼のほうですね。

イシス　はい。彼女の頭にあるのが習近平だとしたら、どうされますか。

オバマ守護霊　うーん……彼女に「ゴマすり」をしないと

（注）習近平（1953 - ）第7代中華人民共和国国家主席。2013年3月より現職。霊言も2回収録している（『世界皇帝をめざす男』［幸福実現党刊］、『中国と習近平に未来はあるか』［同］参照）。

7 President Park, Yasukuni and the Comfort Women Issue

flattery) to her and *keirei* (salute) to her, like I did to the Japanese Emperor.

Isis But she is not the Japanese Emperor.

Obama's G.S. Really? Mr. Abe is bad.

Isis Why?

Obama's G.S. Maybe he hates Ms. Park Geun-hye. Or he doesn't like Ms. Park Geun-hye. (But he must) Be a "servant" to her.

Isis Why?

Obama's G.S. Mr. Abe should behave. He must practice to be an actor. An actor that is a servant-like actor. You know, the film* with the Black servant in the White House. He is a model for Mr. Abe.

* *The Butler*. An American film released in 2013.

いけませんね。日本の天皇に対してしたように、彼女に対して「敬礼」しないといけません。

イシス　でも、彼女は日本の天皇とは違いますよ。

オバマ守護霊　そうですか。安倍さんが悪いんですよ。

イシス　なぜでしょうか。

オバマ守護霊　彼は、たぶん朴槿惠さんを嫌っているか、朴槿惠さんが好きではないんでしょう。でも、彼女の"サーバント（召使）"にならないといけないんです。

イシス　なぜでしょうか。

オバマ守護霊　安倍さんは行動を慎むべきなんです。役者になる練習をしないといけませんね。サーバントみたいな役者です。ホワイトハウスの黒人サーバントの映画（注）があったでしょう。あれが、安倍首相のお手本ですよ。

（注）アメリカ映画『大統領の執事の涙』。2013年公開。

Isis Really?

Obama's G.S. Yeah.

Isis I thought Mr. Abe doesn't like Ms. Park Geun-hye because she was the first person to say mean things to Japan. Mr. Abe must protect Japan, so he's just saying his thoughts.

Obama's G.S. It's not so difficult. Mr. Abe should destroy Yasukuni Shrine, and that's good enough.

Isis No, because you have a similar cemetery in your own country for the army or soldiers that fought for the United States. You have a memorial grave, and the President goes there. It's the same thing.

Obama's G.S. No, no. We won the last war. If we had lost the war we would do the same thing. Japan

7　朴大統領、靖国そして慰安婦問題

イシス　そうですか。

オバマ守護霊　ええ。

イシス　安倍さんが朴槿惠さんのことを好きではないのは、彼女から先に、日本に対して嫌なことを言ったからだと思ったんです。安倍さんは、日本を守らなければならないので、自分の考えを述べているだけです。

オバマ守護霊　そんなに難しいことではありませんよ。安倍さんは、靖国神社を壊せばいいんです。それだけで十分です。

イシス　そうではなくて、あなたの国にも、米国のために戦った軍の兵士たちのための戦没者慰霊墓地があって、大統領がそこへ行って追悼をしますけれども、それと同じことだからです。

オバマ守護霊　いや、いや。われわれは、先の大戦で勝利したんです。もし、われわれが当時、戦争に負けてい

could not win against the U.S., so Japanese shrine should be smaller and smaller. This (Yaskuni) is a "war shrine."

Isis Hmm.

Obama's G.S. Japanese Prime Minister should disregard this "war shrine," I think so. And at that time, Ms. Park Geun-hye and Mr. Abe can be friends.

Isis That's your thought. But I think it's normal for Japanese people to go to Yasukuni Shrine and pray for the soldiers that fought for Japan.

Obama's G.S. OK, OK. I don't deny God. If you pray to God, this is a shrine and this is OK. But if you pray to criminals of war, it's bad. It's like the demon prayer, I guess. So, it's like a black magic-like religion. Ah.

たら、同じことをしたでしょう。日本はアメリカに勝てなかった。ですから、日本の神社はもっともっと小さくないといけないんです。これ（靖国神社）は"戦争神社"ですからね。

イシス　うーん。

オバマ守護霊　日本の首相は、この"戦争神社"を無視しなければいけないと思います。そうすれば、朴槿惠さんと安倍さんは仲良くできるでしょう。

イシス　それが、あなたのお考えなんですね。でも、日本人が靖国神社に行って、日本のために戦った兵士のために祈るのは、当たり前のことだと思います。

オバマ守護霊　ＯＫ、ＯＫ。私は神を否定しません。もし、神に祈るのであれば、それは神社ですから、構わないんです。しかし、「戦争犯罪人」に祈るとしたら、よくないことです。悪魔に祈るようなものではないかと思います。ですから、黒魔術のような宗教でしょう。ええ。

7 President Park, Yasukuni and the Comfort Women Issue

Isis Really?

Obama's G.S. Hmm.

Isis OK. If you say so.

Obama's G.S. Hmm.

Isis I don't think that's right, but if you say so, OK. I understand your thoughts.

Obama's G.S. Hmm.

Isis What do you think about comfort women?

Obama's G.S. Ah. You are a woman, so you should never ask that kind of question. I must be a gentleman, so... this is too difficult of a problem.

イシス　本当ですか。

オバマ守護霊　うーん。

イシス　分かりました。そうおっしゃるのであれば。

オバマ守護霊　うーん。

イシス　私には、それが正しいとは思えませんが、あなたがそうおっしゃるなら結構です。あなたのお考えは分かりました。

オバマ守護霊　うーん。

イシス　「慰安婦(いあんふ)」については、どう思われますか。

オバマ守護霊　ああ、あなたは女性ですから、そういう質問は絶対にしてはいけません。私は紳士(しんし)でなくてはならないので……この問題は難しすぎて。

Isis Maybe Japanese…

Obama's G.S. If I were to say some words, comfort women or comfort… not "comfort." It's a troublesome women problem.

I'm younger than your Master, so I don't know for sure about the past. I have no memory of the last war, so I… I don't know the truth about the comfort women. So please be friends with South Korea! I ask both of you, both countries, to be friendly.

Isis So you haven't studied that much about the last war? Then, do you think what South Korea is saying is right?

Obama's G.S. As a man, I can understand. It has some kind of reality. Maybe it was really a reality. But the Japanese people will suffer from that reality.

7　朴大統領、靖国そして慰安婦問題

イシス　日本人は、たぶん……。

オバマ守護霊　言うならば、慰安婦、あるいは、慰安……。「慰安」ではなくて。面倒な女性問題ですね。

　私は、あなたがたのマスターより若いくらいですから、昔のことは、はっきりとは分かりません。先の大戦の記憶はありませんので……慰安婦に関しては、実際のところは知らないんです。ですから、どうか韓国と仲良くしてください！　お願いですから、あなたがた両者、両国とも、友好的であってください。

イシス　では、あなたは、先の大戦について、あまり勉強されていないんですね。では、韓国が主張していることは、正しいと思われますか。

オバマ守護霊　一人の男性として、理解はできます。ある種の現実性がありますね。実際、現実のことだったかもしれないでしょう。しかし、日本の人たちは、その現実のせいで苦しむことになるんですよ。

7 President Park, Yasukuni and the Comfort Women Issue

So we want to... we never want to refer to that problem. Don't touch that problem. But... Ms. Park Geun-hye insists on saying about that problem. So be friends. Be kind to each other. And shut your mouth. Both mouths. Then you can be friends. That is the reason I will go overseas and go to Japan and South Korea; to just persuade and say, "Be friends. Be kind to each other, and don't touch the other person's injury."

Isis So you're coming to Japan...

Obama's G.S. I don't know the reality or the fact, but it's not so gentleman-like, I think. We must forget that about each other. And we, Americans did a lot of bad things during the last World War. But we want to forget about that. If I come to Japan and were asked about Hiroshima and Nagasaki regarding the atomic bombing, that's not friendly because there is only one

7　朴大統領、靖国そして慰安婦問題

　ですから、私たちとしては……その問題には決して言及したくないんです。その問題には触れないでください。まあ……朴槿惠氏はその問題をしつこく言い続けていますが。ですから、お互い、仲良くしてください。お互い、親切にしてください。そして、口を閉ざしてください。お互いにです。そうすれば、友人同士になれるでしょう。私が海を越えて、はるばる日本と韓国に行くのも、まさに、「仲良くしなさい。お互いに親切にしなさい。相手の傷に触れてはいけません」と言って説得するためですよ。

イシス　では、あなたが来日するのは……。

オバマ守護霊　現実というか、事実については知りませんが、あまり紳士的ではないように思います。私たちは、その問題については、お互いに忘れるようにしなければなりません。私たちアメリカ人は、先の大戦では悪い事も数多くやりました。しかし、それらについては忘れたいんです。もし私が日本に来て、「原爆を落とした広島や長崎についてどう思うか」と尋ねられたら、その結論は一つしかありませんから、それは友好的とは

conclusion; America killed a lot of people, so I must say sorry to Japanese people. But this does not promote our friendship, so we must not touch that problem about each other. That is the grownup's way of thinking, I think.

8   Dear Prime Minister Abe: "Don't Move, Say Nothing"

Isis OK, thank you. May I ask another question?

Obama's G.S. OK.

Isis About Ambassador Kennedy.

Obama's G.S. Ambassador Kennedy? OK.

Isis Yes. Ms. Caroline Kennedy* (on next page).

言えません。つまり、アメリカは日本人を大勢殺したので、私は日本人に対して、謝罪しなければならないということです。しかし、それは、お互いの友好関係を深めることにはならないのです。ですから、お互いに、その問題に触れないようにしなければいけません。それが、大人の考え方だと思いますね。

8　安倍首相は「動き回るな、何も言うな」

イシス　分かりました。ありがとうございました。別の質問をしてもよろしいでしょうか。

オバマ守護霊　いいですよ。

イシス　ケネディ大使についてです。

オバマ守護霊　ケネディ大使？　いいですよ。

イシス　そうです。キャロライン・ケネディ女史（次ページ注）のことです。

Obama's G.S. Hmm.

Isis Were there any thoughts behind making her the ambassador to come to Japan?

Obama's G.S. What's your point?

Isis Was she given any special mission?

Obama's G.S. Mission?

* Caroline Kennedy (1957-) The daughter of the 35th President of the United States of America, John F. Kennedy. Currently the U.S. Ambassador to Japan. Her spiritual message was recorded in the past (See *Interviewing the Guardian Spirit of U.S. Ambassador Caroline Kennedy - A New Bridge Between Japan and the U.S.* by IRH Press Co., Ltd., 2014).

8 安倍首相は「動き回るな、何も言うな」

オバマ守護霊 うーん。

イシス 彼女を駐日アメリカ大使として日本に送った背景のお考えがあれば、教えてください。

オバマ守護霊 何がおっしゃりたいのですか。

イシス 彼女は、何か特別な使命を与えられていたのでしょうか。

オバマ守護霊 使命?

(注)キャロライン・ケネディ(1957-)第35代アメリカ合衆国大統領ジョン・F・ケネディの長女で、現在、駐日アメリカ合衆国大使。霊言も収録している(『守護霊インタビュー 駐日アメリカ大使キャロライン・ケネディ 日米の新たな架け橋』[幸福の科学出版刊]参照)。

Isis Yes. A secret mission, maybe? Can you share with us?

Obama's G.S. I respect President Kennedy and I want to be like Kennedy. It doesn't mean that I want to be assassinated, but I want to be a famous president like Kennedy. He was loved by everyone, so I have too much respect for Kennedy.

So Kennedy's daughter is a symbol. A symbol of America's beautiful, good and brave people's braveness. It's the best present from America to Japan. And it's the symbol of friendship. And she is the symbol of how much I think of Japan, because we are very close and I also like her. She will do a good job and do her best work in her mission. She will be loved by all the Japanese people. That is my desire.

Isis Thank you so much. You are right. Japanese

8　安倍首相は「動き回るな、何も言うな」

イシス　そうです。もしかしたら秘密の使命があるのではないでしょうか。教えていただけませんか。

オバマ守護霊　私はケネディ大統領を尊敬していますし、ケネディのようになりたいと思っています。「暗殺されたいと思っている」というわけではありませんが、ケネディのような有名な大統領になりたいですね。彼は、すべての人に愛されましたから。ですから、私は、ケネディに対する溢(あふ)れんばかりの敬意を抱いていますよ。

　ですから、ケネディの娘というのは、ひとつの象徴(しょうちょう)なのです。アメリカの、美しく、善なる、勇気ある人たちの、勇気の象徴です。アメリカから日本への最高のプレゼントなわけです。友好関係の象徴でもあります。そして、私は彼女と親しくて、彼女のことが好きですから、「私がどれほど日本を重視しているか」ということの象徴でもあります。彼女はいい仕事をして、全力を尽くして使命を果たしてくれることでしょう。すべての日本人から愛されることでしょう。それが、私の願いです。

イシス　大変ありがとうございました。そのとおりですね。

people loved her when she first came. So I guess we...

Obama's G.S. (Sighs)

Isis (Laughs) That's not the truth?

Obama's G.S. Be kind to me.

Isis Yes. I hope that Japan and the United States would become more friendly.

Obama's G.S. Be more friendly?

Isis Friendlier.

Obama's G.S. Of course, of course. I hope so. I hope so. But it depends on Mr. Abe's behavior from now on.

日本の人たちは、彼女が最初来日したとき、彼女のことをとても気に入っていました。ですから、たぶん……。

オバマ守護霊　（ため息）

イシス　（笑）違いますか。

オバマ守護霊　お手柔らかにお願いしますよ。

イシス　はい。私は、日本と米国がもっと友好的になるといいなと思っています。

オバマ守護霊　「もっと友好的に」ですか。

イシス　「さらに友好的に」です。

オバマ守護霊　もちろん、もちろん、私もそう思っていますよ。そう願っています。ただ、それは、今後の安倍さんの振る舞いかた次第ですね。

8 Dear Prime Minister Abe: "Don't Move, Say Nothing"

Isis What do you expect from Mr. Abe?

Obama's G.S. I want to say to him, "Behave yourself. Please sit down. Don't move and say nothing to foreign countries." That is the real peacemaker of Japan.

Isis Say nothing?

Obama's G.S. Yes. Saying nothing is good.

Isis That makes peace?

Obama's G.S. It makes peace. If he wanders around the world, there will occur a lot of conflicts. And we need military budget.

Isis Do you expect Mr. Abe not to move?

8　安倍首相は「動き回るな、何も言うな」

イシス　安倍さんには何を期待されますか。

オバマ守護霊　彼に言いたいのは、「おとなしくしていなさい」ということです。「座ってください。動かないでください。外国に対しては何も言わないでください」と。それが、日本の真のピース・メーカー（調停者）というものですよ。

イシス　何も言うなと？

オバマ守護霊　ええ。何も言わないのが、いいんです。

イシス　そうすれば平和になると？

オバマ守護霊　平和になります。彼が世界中を回ると、いろんな紛争が起きます。われわれは、軍事予算が必要になるんです。

イシス　安倍さんには、動かないことを期待されるわけですか。

Obama's G.S. Yes. Or, changing the prime minister is preferable for us.

Isis Is that because Mr. Abe moves too much and says too much?

Obama's G.S. He's not a Japanese-like person. He is like a South Korean or a Chinese. He speaks too much. A traditional Japanese is more quiet. Much more quiet. And don't say the real meaning of your intention; that is the Japanese tradition. He speaks too much about his intention, and it's not so good for Japanese people. "Be silent" are good words for him. That is my desire.

Isis OK. That's your desire.

Obama's G.S. American people speak a lot. It's a tradition. But Japanese people keep silent. That's a tradition.

8　安倍首相は「動き回るな、何も言うな」

オバマ守護霊　はい。さもなくば、首相を変えてもらうことが、私たちにしてみれば、望ましいですね。

イシス　それは、安倍さんが行動しすぎるし、発言しすぎるからですか。

オバマ守護霊　彼は、日本的な人ではないですね。韓国人か中国人みたいです。発言が多すぎます。日本人は伝統的に、もっと無口でしょう。もっとずっと無口なものです。「本音を口にするなかれ」というのが、日本の流儀です。彼は、自分の思うところを言いすぎですよ。日本人としては、あまりいいことではありません。「沈黙せよ」というのが、彼にピッタリな言葉ですね。それが、私の望むところです。

イシス　なるほど、それを望んでいらっしゃるわけですね。

オバマ守護霊　アメリカ人は、よくしゃべります。それが伝統です。しかし、日本人は沈黙を守る。それが伝統です。

Isis So, you hope Mr. Abe will shut his mouth?

Obama's G.S. Shut his mouth or change his position with someone else.

Isis OK.

Obama's G.S. He speaks and thinks too much, and makes too many deals. He is wandering around the world! There is a competition between China and Japan. It's very dangerous. Be a good loser. A good loser.

Isis But isn't it dangerous for the United States, too? If Japan loses?

Obama's G.S. No, no, no. China gives us money. I mean, they buy a lot of American government bonds. So we need a peaceful relationship.

8　安倍首相は「動き回るな、何も言うな」

イシス　ということは、安倍さんには、口を閉ざしてほしいんですね。

オバマ守護霊　口を閉ざすか、誰か別の人と替(か)わってほしいですね。

イシス　分かりました。

オバマ守護霊　彼は、言葉が多すぎるし、いろいろ考えすぎるし、あれこれ取り引きしすぎです。世界中を飛び回っていますからね！　中国と日本の競争になっています。これは大変、危険です。上手に負けてくださいよ。よき敗者になってください。

イシス　でも、それはアメリカにとっても危険なのではありませんか。もし日本が負けたら。

オバマ守護霊　いえ、いえ、いえ。中国はお金をくれますので。「アメリカ国債(こくさい)をたくさん買ってくれる」という意味ですけどね。ですから、平和的な関係が必要なんです。

Isis With China?

Obama's G.S. With China. So, if Japan does too much to China, they will shake our administration through economic power. It means they want to sell American national bonds. It means that the Great Depression will come soon. So, I want to say, "Mr. Abe, behave yourself!"

Isis OK. Thank you for your honest answer.

Obama's G.S. Yes, honest answer.

Isis Yes. I appreciate it.

イシス　中国とですか。

オバマ守護霊　中国とです。もし、日本が中国に対してやりすぎたら、中国は、経済力を通して、われわれの政権を揺(ゆ)さぶってくるでしょう。要するに、彼らはアメリカ国債を売りたいんですよ。大恐慌(だいこうきょう)がもうすぐ来るということです。ですから、「安倍さん、おとなしくしていてください！」と言いたいですね。

イシス　分かりました。正直にお答えくださって、ありがとうございます。

オバマ守護霊　ええ、正直な答えです。

イシス　はい、感謝いたします。

9 "I Want to Do My Best, My Next Two Years, for the People of the Weaker Side of the United States"

Isis (Looking at the audience) OK. Then...

Obama's G.S. (Looking in the same direction) Evil people are talking about some evil things (audience laughs). Please disregard those kinds of "bad guys."

Isis Yes (laughs). What I wanted to ask you is... umm, this is all what I wanted to ask.

Someone in the Audience Islamic extremists. Islamic extremists.

Obama's G.S. Hmm? A-ha! He's a "Taliban." (Audience laughs) I know, I know.

Isis (Laughs)

9　残り2年、国内の弱者のために尽くしたい

イシス　（会場を見ながら）はい、それでは……。

オバマ守護霊　（同じ方向を見ながら）"悪い人たち"が、何か悪いことを相談していますよ（会場笑）。ああいう"悪い人たち"のことは無視してください。

イシス　はい（笑）。私がお伺いしたかったのは、えー……お伺いしたかったことは、これで全部なのですが。

（会場から）　イスラム過激派、イスラム過激派。

オバマ守護霊　うん？　ああ！　彼は"タリバン"の人ですね（会場笑）。知ってます、知ってます。

イシス　（笑）

9 "I Want to Do My Best, My Next Two Years, for the People of the Weaker Side of the United States"

Obama's G.S. Taliban. A "Japanese Taliban."

Isis OK. About the Islamic extremists?

Someone in the Audience How will Mr. President deal with the Islamic extremists?

Obama's G.S. We have been protecting our country these ten years, or more than ten years. It's been since September 11, 2001, so for almost thirteen years. We are tired of protecting our country, so Taliban... God! Help us, and perish Taliban! I ask God! (Laughs) We can do nothing. They are guerilla-like existence, so we can't use our military power enough. It's because they are a small group and they work like small animals. We cannot kill that kind of small animals by missiles or great bombs. They move very rapidly, so it's very difficult for us.

We hate extremists of Islamic people. Islam means peace in its origin, so I want to ask them to be peaceful.

9 残り2年、国内の弱者のために尽くしたい

オバマ守護霊 タリバンですね。"日本のタリバン"です。

イシス はい。イスラム過激派については?

(会場から) イスラム過激派には、どう対処されるおつもりでしょうか。

オバマ守護霊 われわれは、ここ10年、国を守ってきたんです。10年以上でしょうか。2001年の9月11日からですから、13年近くになりますね。国を守ることには、もう疲れました。ですから、タリバンは……。神よ! われらを助け、タリバンを滅ぼしたまえ! 神にお願い申し上げます!(笑)われわれには、何もできません。彼らはゲリラ兵のような存在なので、こちらの軍事力が十分に使えないのです。彼らは小集団で、小動物のように行動するからです。そういった小動物は、ミサイルや大きな爆弾で殺すことができません。非常に動きが素早いので、私たちには非常に難しいのです。

　われわれは、イスラム過激派を嫌悪しています。イスラムは、もともと「平和」という意味ですから、彼らには平

9 "I Want to Do My Best, My Next Two Years, for the People of the Weaker Side of the United States"

What is the origin of Islam? Is it peace, or killing people like Muhammad* himself? Or is it terrorism? Please have your Master ask Muhammad. Does Muhammad like killing people? Does Muhammad like terrorism? Please ask through your Master, to Muhammad. And if Muhammad says "no," then they should obey that word. This is the new Koran. This is good. It's a peaceful method, and we need no money.

Isis　Right. Spending no money is the important thing?

和的になってくれるようお願いしたいですね。

　イスラム教の起源は何ですか。平和ですか、それとも、ムハンマド（注）自身のように人を殺すことですか。あるいは、テロですか。あなたがたのマスターから、ムハンマドに聞いてもらってください。「ムハンマドは人殺しが好きなのか。テロリズムが好きなのか」を、マスターを通じて、ムハンマドに聞いてみてください。もし、ムハンマドが「ノー」と言ったら、イスラム過激派は、その言葉に従うべきです。それが新たなコーランです。いいですねえ。平和的な解決法で、お金もかかりません。

イシス　ええ。お金がかからないことが重要なんですね？

---

* Muhammad (ca. 570-632) The founder of Islam, a military leader and a politician. His spiritual message was recorded in the past (See *Sekai Funso no Shinjitsu Michael vs. Muhammad* [The Truth Behind World Conflicts Michael vs. Muhammad] by IRH Press Co., Ltd., 2010).
　（注）ムハンマド（570頃－632）イスラム教の開祖、軍事指導者、政治家。霊言も収録している（『世界紛争の真実　ミカエル vs. ムハンマド』［幸福の科学出版刊］第1章参照）。

9 "I Want to Do My Best, My Next Two Years, for the People of the Weaker Side of the United States"

Obama's G.S. It's up to you. You are Happy Science. A new religion. A new hope of the world, and a new hope for the world's religions. No money is needed. It's OK. It's great. It's great!

Isis OK, we understand. Thank you.

Obama's G.S. A nuclear weapon cannot kill Taliban or the extremists of Islam. They are hiding all over the world, so it's very difficult. Even in the inner side of the United States they live, so it's very difficult.

Isis OK. Thank you. Then, my last question. What are you aiming to do before you end your presidency, which is two years from now? If it's possible for you to answer.

Obama's G.S. I want to be a farmer in Kenya or (laughs) Hawaii.

オバマ守護霊 あなたがた次第ですよ。あなたがたは、ハッピー・サイエンスでしょう。新しい宗教です。世界の「新たな希望」であり、世界の宗教の「新たな希望」です。お金も要りません。大丈夫です。素晴らしい。素晴らしい！

イシス はい、分かりました。ありがとうございます。

オバマ守護霊 核兵器では、タリバンやイスラム過激派は殺せません。彼らは世界中に隠れているので、非常に難しいんです。アメリカ国内にさえ住んでいるので、非常に難しいんですよ。

イシス 分かりました。ありがとうございます。では、私からの最後の質問です。2年後に大統領の任期が終わるまでに、何をなさるおつもりですか。もし、お答えいただければ。

オバマ守護霊 ケニアで農家でもやりたいですね。それか（笑）、ハワイでかな。

Isis No, before that. Before retiring.

Obama's G.S. Before retiring?

Isis Yes. What do you want to do?

Obama's G.S. Is there any other job for me? This might be my last mission.

Isis This time? Japan? Coming to Japan?

Obama's G.S. Just peaceful talks between Japan and South Korea, and peaceful talks between China and Japan. And persuade the Philippines and Malaysia to keep a peaceful status in this area. Don't think too much about the Ukraine problem and the Syria problem. They should solve the problem for themselves.

   I want to concentrate on rebuilding our inner status, I mean on giving real equality to the citizens of

9 残り2年、国内の弱者のために尽くしたい

イシス いえ、その前です。退任する前です。

オバマ守護霊 退任する前？

イシス はい。何をしたいですか。

オバマ守護霊 ほかに何か仕事があるんでしょうか。これが私の最後の使命になるかもしれません。

イシス 今回ですか。日本？　日本に来ることがですか。

オバマ守護霊 ただただ、日韓の平和的対話と、日中の平和的対話です。そして、フィリピンとマレーシアを説得して、この地域の平和的状態を維持することです。ウクライナ問題とシリア問題については、あまり考えすぎないでください。彼らが、自分たちで解決すべきことです。

　私は、国内状況の立て直しに集中したいのです。すなわち、「米国民に本物の平等を与える」ということです。私

9 "I Want to Do My Best, My Next Two Years, for the People of the Weaker Side of the United States"

the United States. I love my fellow citizens. So, my fellow citizens should be qualified to receive equality of politics, wealth and other mental rights. I want to do my best, my next two years, for the people of the weaker side of the United States.

Isis Then for the next two years, you will have no concern for foreign countries?

Obama's G.S. (Puts hands together as if in prayer) I'll pray.

Isis You'll pray for us? OK. Then, who do you think is best to become the president after you?

Obama's G.S. (Sighs) A difficult question.

Isis It's a difficult question.

は米国民を愛しています。ですから、わが国の国民は、政治においても、豊かさにおいても、その他の精神的な権利においても、平等を享受(きょうじゅ)する資格が与えられるべきなのです。これからの2年は、米国の、立場の弱い人々のために、全力を尽くしたいと思っています。

イシス　では、「今後2年間、外国には関心を持たない」ということなのでしょうか。

オバマ守護霊　（手を合わせるしぐさをする）祈(いの)ります。

イシス　私たちのために祈ってくださるんですね。分かりました。では、あなたのあとに大統領になる方として、どなたが、いちばんふさわしいと思われますか。

オバマ守護霊　（ため息）難しい質問ですね。

イシス　難しい質問です。

9 "I Want to Do My Best, My Next Two Years, for the People of the Weaker Side of the United States"

Obama's G.S. We believe in democracy, so I cannot point out my successor. The people at that time will choose a suitable person. But if possible, Ms. Hillary Clinton can succeed my position. That will be best for the United States. But if this is not allowed, I will ask American people, "Please choose the person who loves peacekeeping."

Isis OK. Thank you so much for your time today, Mr. President.

Obama's G.S. Thank you!

Isis Thank you so much.

Obama's G.S. Thank you, thank you. Good bye.

Isis Yes, thank you. Good bye.

9　残り2年、国内の弱者のために尽くしたい

オバマ守護霊　われわれは、民主主義を信じていますので、後継者(こうけいしゃ)を指名することはできません。そのときの国民が、ふさわしい人物を選ぶことでしょう。もし可能であれば、ヒラリー・クリントン氏が私の座を引き継ぐことはありえます。それが米国にとって最善でしょう。しかし、それが許されないのであれば、アメリカ国民に、「平和維持を愛する人を選んでください」とお願いしたいと思います。

イシス　分かりました。大統領、今日はお時間を頂き、本当にありがとうございました。

オバマ守護霊　ありがとう！

イシス　まことにありがとうございました。

オバマ守護霊　ありがとう、ありがとう。さようなら。

イシス　はい、ありがとうございました。さようなら。

10   After the Spiritual Message

Ryuho Okawa   (Claps twice) That was (the guardian spirit of) Barack Obama. In some meaning, he said too much regarding money. American people will get angry about this miserable situation of the United States. So, this was a poor shot of his.

But I'm a poor speaker of English, so it's not his mistake. Since my English is not fluent, maybe I was not able to convey his splendid speech enough. This is my fault, so never mind about the minor matter regarding words. This was a "Japanese-English"-speaking person's interpretation of Obama's (guardian spirit's) words, so don't think too much about the minor things.

I don't think he is a materialistic person. He's just joking about money. He just wanted to convey that he has much respect toward Japan. And he just wants to ask Mr. Abe, through us, not to do extreme things. (He thinks that) If Mr. Abe does everything he wants, that

10　霊言を終えて

大川隆法　（2回手を叩く）これがオバマ大統領（守護霊）でした。ある意味、彼はお金のことばかり言いすぎましたね。アメリカの人たちは、自国の、この惨めな状況に対して怒りを覚えることでしょう。これは、ミスショットでした。

　ただ、私は英語があまり上手ではありませんので、彼のミスではありません。おそらく、私の英語が流暢ではないために、彼の素晴らしい話を十分に伝えることができませんでした。これは私のせいですので、言葉に関する些細な問題については、気にしないでください。これは、ジャパニーズイングリッシュを話す人間が、オバマ大統領（守護霊）の言葉を通訳したものなのです。ですから、細かいことは、深く考えすぎないでください。
　彼は、唯物的な方ではないと思います。お金については、冗談を言っているだけでしょう。ただ、日本に対して敬意を持っていることを伝えたかったのだと思います。また、私たちを通じて、安倍さんに対し、極端なことをしないようお願いしたいだけなのでしょう。もし、安倍さんが、自

will mean we are on the verge of a new World War or Asian conflicts. He doesn't seek for such kind of situation to appear in Asia.

We appreciate his position and his thinking, and would like to do something. If we can do something for him, we will help him, and we want to be a helpful power to him. If we can do something in terms of religion, we will do our best. Thank you very much.

10 霊言を終えて

分のやりたいことを全部やるとしたら、それは、「新たな世界戦争やアジア紛争の危機に立つ」ということを意味する（と彼は考えているのです）。彼は、アジアをそのような状況に陥らせるつもりはないということです。

　私たちは、彼の立場と考えを尊重して、何らかのことをしたいと思います。もし、彼のためにできることがあるなら、彼を支援し、彼の役に立てる力になりたいですね。宗教の面において、何か私たちにできることがあるのであれば、最善を尽くしたいと思います。どうもありがとうございました。

『オバマ大統領の新・守護霊メッセージ』
大川隆法著作関連書籍

『バラク・オバマのスピリチュアル・メッセージ』
(幸福の科学出版刊)
『民主党亡国論』(同)
『「忍耐の時代」の外交戦略 チャーチルの霊言』(同)
『国家社会主義とは何か』(同)
『マッカーサー 戦後65年目の証言』(同)
『ロシア・プーチン新大統領と帝国の未来』
(幸福実現党刊)
『潘基文国連事務総長の守護霊インタビュー』
(幸福の科学出版刊)
『安重根は韓国の英雄か、それとも悪魔か』(同)
『朴槿惠韓国大統領 なぜ、私は「反日」なのか』(同)
『世界皇帝をめざす男』(幸福実現党刊)
『中国と習近平に未来はあるか』(同)
『守護霊インタビュー 駐日アメリカ大使
キャロライン・ケネディ 日米の新たな架け橋』
(幸福の科学出版刊)
『世界紛争の真実 ミカエル vs. ムハンマド』(同)

オバマ大統領の新・守護霊メッセージ

2014年4月23日　初版第1刷

著　者　　大川隆法

発行所　　幸福の科学出版株式会社

〒107-0052　東京都港区赤坂2丁目10番14号
TEL(03)5573-7700
http://www.irhpress.co.jp/

印刷・製本　　株式会社 東京研文社

落丁・乱丁本はおとりかえいたします
©Ryuho Okawa 2014. Printed in Japan. 検印省略
ISBN978-4-86395-462-5 C0030
Photo：Getty Images

大川隆法 ベストセラーズ・未来への進むべき道を指し示す

忍耐の法
「常識」を逆転させるために

第1章　スランプの乗り切り方
　　　　——運勢を好転させたいあなたへ
第2章　試練に打ち克つ
　　　　——後悔しない人生を生き切るために
第3章　徳の発生について
　　　　——私心を去って「天命」に生きる
第4章　敗れざる者
　　　　——この世での勝ち負けを超える生き方
第5章　常識の逆転
　　　　——新しい時代を拓く「真理」の力

2,000円

法シリーズ第20作

人生のあらゆる苦難を乗り越え、夢や志を実現させる方法が、この一冊に——。混迷の現代を生きるすべての人に贈る待望の「法シリーズ」第20作！

「正しき心の探究」の大切さ

靖国参拝批判、中・韓・米の歴史認識……。「真実の歴史観」と「神の正義」とは何かを示し、日本に立ちはだかる問題を解決する、2014年新春提言。

1,500円

幸福の科学出版

大川隆法ベストセラーズ・英語説法&世界の指導者の本心

Power to the Future
未来に力を

英語説法集 日本語訳付き

予断を許さない日本の国防危機。
混迷を極める世界情勢の行方——。
ワールド・ティーチャーが英語で語った、この国と世界の進むべき道とは。

1,400円

バラク・オバマの スピリチュアル・メッセージ
再選大統領は世界に平和をもたらすか

弱者救済と軍事費削減、富裕層への
増税……。再選翌日のオバマ大統領
守護霊インタビューを緊急刊行！
日本の国防危機が明らかになる。
【幸福実現党刊】

英語霊言 日本語訳付き

1,400円

ロシア・プーチン 新大統領と帝国の未来
守護霊インタヴュー

中国が覇権主義を拡大させるなか、
ロシアはどんな国家戦略をとるのか!? また、親日家プーチン氏の意
外な過去世も明らかに。
【幸福実現党刊】

1,300円

※表示価格は本体価格(税別)です。

大川隆法 ベストセラーズ・世界の指導者の本心

守護霊インタビュー
駐日アメリカ大使
キャロライン・ケネディ
日米の新たな架け橋

英語霊言 日本語訳付き

先の大戦、歴史問題、JFK暗殺の真相……。親日派とされるケネディ駐日米国大使の守護霊が語る、日本への思いと日米の未来。

1,400円

ヒラリー・クリントンの 政治外交リーディング

同盟国から見た日本外交の問題点

竹島、尖閣と続発する日本の領土問題……。国防意識なき同盟国をアメリカはどう見ているのか？ クリントン国務長官の本心に迫る！
【幸福実現党刊】

1,400円

マッカーサー 戦後65年目の証言

マッカーサー・吉田茂・ 山本五十六・鳩山一郎の霊言

GHQ最高司令官・マッカーサーの霊によって、占領政策の真なる目的が明かされる。日本の大物政治家、連合艦隊司令長官の霊言も収録。

1,200円

幸福の科学出版

大川隆法 ベストセラーズ・世界の指導者の本心

「忍耐の時代」の外交戦略 チャーチルの霊言

もしチャーチルなら、どんな外交戦略を立てるのか？"ヒットラーを倒した男"が語る、ウクライナ問題のゆくえと日米・日ロ外交の未来図とは。

1,400円

民主党亡国論
金丸信・大久保利通・チャーチルの霊言

三人の大物政治家の霊が、民主党政権を厳しく批判する。危機意識の不足する、マスコミや国民に目覚めを与える一書。

1,200円

国家社会主義とは何か
公開霊言 ヒトラー・菅直人守護霊・胡錦濤守護霊・仙谷由人守護霊

民主党政権は、日米同盟を破棄し、日中同盟を目指す！？ 菅直人首相と仙谷由人官房長官がひた隠す本音とは。

1,500円

※表示価格は本体価格（税別）です。

大川隆法 ベストセラーズ・世界の指導者の本心

世界皇帝をめざす男
習近平の本心に迫る

中国の次期国家主席・習近平氏の守護霊が語る「大中華帝国」が目指す版図とは？ 恐るべき同氏の過去世とは？
【幸福実現党刊】

1,300円

中国と習近平に未来はあるか
反日デモの謎を解く

「反日デモ」も、「反原発・沖縄基地問題」も中国が仕組んだ日本占領への布石だった。緊迫する日中関係の未来を習近平氏守護霊に問う。
【幸福実現党刊】

1,400円

守護霊インタビュー
朴槿惠韓国大統領
なぜ、私は「反日」なのか

従軍慰安婦問題、安重根記念館、告げ口外交……。なぜ朴槿惠大統領は反日・親中路線を強めるのか？ その隠された本心と驚愕の魂のルーツが明らかに！

1,500円

幸福の科学出版

大川隆法 霊言シリーズ・正しい歴史認識のために

安重根は韓国の英雄か、それとも悪魔か
安重根 & 朴槿惠(パククネ)大統領守護霊の霊言

なぜ韓国は、中国にすり寄るのか？ 従軍慰安婦の次は、安重根像の設置を打ち出す朴槿惠・韓国大統領の恐るべき真意が明らかに。

1,400円

従軍慰安婦問題と南京大虐殺は本当か？
左翼の源流 vs. E. ケイシー・リーディング

「従軍慰安婦問題」も「南京事件」も中国や韓国の捏造だった！ 日本の自虐史観や反日主義の論拠が崩れる、驚愕の史実が明かされる。

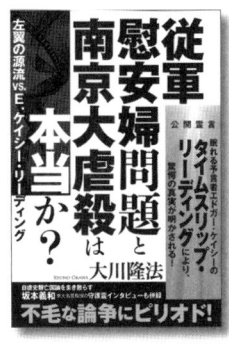

1,400円

神に誓って「従軍慰安婦」は実在したか

いまこそ、「歴史認識」というウソの連鎖を断つ！ 元従軍慰安婦を名乗る2人の守護霊インタビューを刊行！ 慰安婦問題に隠された驚くべき陰謀とは!?
【幸福実現党刊】

1,400円

※表示価格は本体価格(税別)です。

大川隆法ベストセラーズ・世界の指導者の本心

潘基文(バンキムン)国連事務総長の守護霊インタビュー

「私が考えているのは、韓国の利益だけだ。次は、韓国の大統領になる」——。国連トップ・潘氏守護霊が明かす、その驚くべき本心とは。

英語霊言 日本語訳付き

1,400円

世界紛争の真実
ミカエル vs. ムハンマド

米国(キリスト教)を援護するミカエルと、イスラム教開祖ムハンマドの霊言が、両文明衝突の真相を明かす。宗教対立を乗り越えるための必読の書。

1,400円

ネルソン・マンデラ ラスト・メッセージ

英語霊言 日本語訳付き

人種差別と戦い、27年もの投獄に耐え、民族融和の理想を貫いた偉大なる指導者ネルソン・マンデラ。その「復活」のメッセージを全世界の人びとに!

1,400円

幸福の科学出版

大川隆法ベストセラーズ・世界の指導者の本心

安倍新総理 スピリチュアル・インタビュー
復活総理の勇気と覚悟を問う

自民党政権に、日本を守り抜く覚悟はあるか!? 衆院選翌日、マスコミや国民がもっとも知りたい新総理の本心を問う、安倍氏守護霊インタビュー。
【幸福実現党刊】

1,400円

公開霊言 東條英機、「大東亜戦争の真実」を語る

戦争責任、靖国参拝、憲法改正……。他国からの不当な内政干渉にモノ言えぬ日本。正しい歴史認識を求めて、東條英機が先の大戦の真相を語る。
【幸福実現党刊】

1,400円

原爆投下は人類への罪か?
公開霊言 トルーマン & F・ルーズベルトの新証言

なぜ、終戦間際に、アメリカは日本に2度も原爆を落としたのか?「憲法改正」を語る上で避けては通れない難題に「公開霊言」が挑む。
【幸福実現党刊】

1,400円

※表示価格は本体価格(税別)です。

幸福の科学グループのご案内

宗教、教育、政治、出版などの活動を通じて、地球的ユートピアの実現を目指しています。

宗教法人 幸福の科学

1986年に立宗。1991年に宗教法人格を取得。信仰の対象は、地球系霊団の最高大霊、主エル・カンターレ。世界100カ国以上の国々に信者を持ち、全人類救済という尊い使命のもと、信者は、「愛」と「悟り」と「ユートピア建設」の教えの実践、伝道に励んでいます。

(2014年4月現在)

愛

幸福の科学の「愛」とは、与える愛です。これは、仏教の慈悲や布施の精神と同じことです。信者は、仏法真理をお伝えすることを通して、多くの方に幸福な人生を送っていただくための活動に励んでいます。

悟り

「悟り」とは、自らが仏の子であることを知るということです。教学や精神統一によって心を磨き、智慧を得て悩みを解決すると共に、天使・菩薩の境地を目指し、より多くの人を救える力を身につけていきます。

ユートピア建設

私たち人間は、地上に理想世界を建設するという尊い使命を持って生まれてきています。社会の悪を押しとどめ、善を推し進めるために、信者はさまざまな活動に積極的に参加しています。

海外支援・災害支援

国内外の世界で貧困や災害、心の病で苦しんでいる人々に対しては、現地メンバーや支援団体と連携して、物心両面にわたり、あらゆる手段で手を差し伸べています。

自殺を減らそうキャンペーン

年間約3万人の自殺者を減らすため、全国各地で街頭キャンペーンを展開しています。

公式サイト　www.withyou-hs.net

ヘレンの会

ヘレン・ケラーを理想として活動する、ハンディキャップを持つ方とボランティアの会です。視聴覚障害者、肢体不自由な方々に仏法真理を学んでいただくための、さまざまなサポートをしています。

公式サイト　www.helen-hs.net

INFORMATION

お近くの精舎・支部・拠点など、お問い合わせは、こちらまで！
幸福の科学サービスセンター
TEL. **03-5793-1727** （受付時間 火～金：10～20時／土・日：10～18時）
宗教法人 幸福の科学公式サイト **happy-science.jp**

教育

学校法人 幸福の科学学園

学校法人 幸福の科学学園は、幸福の科学の教育理念のもとにつくられた教育機関です。人間にとって最も大切な宗教教育の導入を通じて精神性を高めながら、ユートピア建設に貢献する人材輩出を目指しています。

幸福の科学学園

中学校・高等学校（那須本校）
2010年4月開校・栃木県那須郡（男女共学・全寮制）
TEL 0287-75-7777
公式サイト happy-science.ac.jp

関西中学校・高等学校（関西校）
2013年4月開校・滋賀県大津市（男女共学・寮及び通学）
TEL 077-573-7774
公式サイト kansai.happy-science.ac.

幸福の科学大学（仮称・設置認可申請中）
2015年開学予定
TEL 03-6277-7248（幸福の科学 大学準備室）
公式サイト university.happy-science

仏法真理塾「サクセスNo.1」 TEL 03-5750-0747（東京本校）
小・中・高校生が、信仰教育を基礎にしながら、「勉強も『心の修行』」と考えて学んでいます。

不登校児支援スクール「ネバー・マインド」 TEL 03-5750-1741
心の面からのアプローチを重視して、不登校の子供たちを支援しています。
また、障害児支援の「ユー・アー・エンゼル!」運動も行っています。

エンゼルプランV TEL 03-5750-0757
幼少時からの心の教育を大切にして、信仰をベースにした幼児教育を行っています。

シニア・プラン21 TEL 03-6384-0778
希望に満ちた生涯現役人生のために、年齢を問わず、多くの方が学んでいます。

NPO活動支援

学校からのいじめ追放を目指し、さまざまな社会提言をしています。また、各地でのシンポジウムや学校への啓発ポスター掲示等に取り組むNPO「いじめから子供を守ろう！ネットワーク」を支援しています。

ブログ mamoro.blog86.fc2.com
公式サイト mamoro.org
相談窓口 TEL.03-5719-2170

政治

幸福実現党

内憂外患の国難に立ち向かうべく、2009年5月に幸福実現党を立党しました。創立者である大川隆法党総裁の精神的指導のもと、宗教だけでは解決できない問題に取り組み、幸福を具体化するための力になっています。

党員の機関紙
「幸福実現NEWS」

TEL 03-6441-0754
公式サイト hr-party.jp

出版メディア事業

幸福の科学出版

大川隆法総裁の仏法真理の書を中心に、ビジネス、自己啓発、小説など、さまざまなジャンルの書籍・雑誌を出版しています。他にも、映画事業、文学・学術発展のための振興事業、テレビ・ラジオ番組の提供など、幸福の科学文化を広げる事業を行っています。

アー・ユー・ハッピー?
are-you-happy.com

ザ・リバティ
the-liberty.com

幸福の科学出版
TEL 03-5573-7700
公式サイト irhpress.co.jp

THE FACT　ザ・ファクト
マスコミが報道しない「事実」を世界に伝えるネット・オピニオン番組

Youtubeにて随時好評配信中!

ザ・ファクト　検索

入 会 の ご 案 内

あなたも、幸福の科学に集い、ほんとうの幸福を見つけてみませんか？

幸福の科学では、大川隆法総裁が説く仏法真理をもとに、
「どうすれば幸福になれるのか、また、
他の人を幸福にできるのか」を学び、実践しています。

入会

大川隆法総裁の教えを信じ、学ぼうとする方なら、どなたでも入会できます。入会された方には、『入会版「正心法語」』が授与されます。（入会の奉納は1,000円目安です）

ネットでも**入会**できます。詳しくは、下記URLへ。
happy-science.jp/joinus

三帰誓願（さんきせいがん）

仏弟子としてさらに信仰を深めたい方は、仏・法・僧の三宝への帰依を誓う「三帰誓願式」を受けることができます。三帰誓願者には、『仏説・正心法語』『祈願文①』『祈願文②』『エル・カンターレへの祈り』が授与されます。

植福の会（しょくふく）

植福は、ユートピア建設のために、自分の富を差し出す尊い布施の行為です。布施の機会として、毎月1口1,000円からお申込みいただける、「植福の会」がございます。

「植福の会」に参加された方のうちご希望の方には、幸福の科学の小冊子（毎月1回）をお送りいたします。詳しくは、下記の電話番号までお問い合わせください。

月刊「幸福の科学」
ザ・伝道 
ヤング・ブッダ 
ヘルメス・エンゼルズ 

INFORMATION

幸福の科学サービスセンター
TEL. **03-5793-1727** （受付時間 火〜金：10〜20時／土・日：10〜18時）
宗教法人 幸福の科学 公式サイト **happy-science.jp**